HANSJÜRGEN WEIDLICH

DER KNILCH UND SE

D1874764

HANSJÜRGEN WEIDLICH

DER KNILCH UND SEIN SCHWESTERCHEN

Die Geschichte zweier Adoptivkinder

AGENTUR DES RAUHEN HAUSES

HAMBURG

Einband und Textzeichnungen: Siegfried Oelke, Hamburg

61.–70. Tausend 1980
© Agentur des Rauhen Hauses, Hamburg 1958
Gesamtherstellung Clausen & Bosse, Leck
ISBN 3 7600 0001 0
Best.-Nr.: 1 0001-8
ARH-Taschenbuch 1

Meiner Frau gewidmet

HANSJÜRGEN WEIDLICH, geboren 18. 3. 1905 Holzminden, Realgymnasium Hannover, kaufmännische Lehre. 1927 ausgewandert nach USA. Pittsburgh und New York: Lagerjunge, Buchhalter, Geschirrwäscher, Packer, Fahrstuhlführer ... 1932 Berlin, arbeitslos. Durch Berichte über Amerika Schriftsteller. 1934 erstes Buch: »Felix contra USA«. 1938 erste Filmrolle mit Ingrid Bergman. 1940–1945 Soldat. 1951 erster Nachkriegserfolg mit selbsterzählten humoristischen Geschichten im Funk.

Im selben Jahr gründete er die Knilchfamilie. 1954 zog er in die Lüneburger Heide. Hier schrieb er wieder Bücher. Sein erstes Buch über die Knilche »Der Knilch und sein Schwesterchen« erschien 1958. Heute sind die Knilche erwachsen und selbständig. Beide haben sogar schon Familie.

INHALT

KEINE ANGST VOR KINDERN

„Wie sind Sie eigentlich an Ihre Adoptivkinder gekommen?“ Immer wieder werden meine Frau und ich danach gefragt.

Ich war neun Jahre alt, da zog uns gegenüber in die Wohnung eine Familie ein, mit einem vierjährigen Mädchen. Durch dieses kleine Mädchen sind wir an den Knilch gekommen.

Anita hieß das Mädchen. Aber ich wußte noch nicht seinen Namen, als wir quer über die Straße hinweg bereits gute Freunde wurden.

Ich war krank gewesen und mußte noch zu Hause bleiben. Ich saß am Fenster und guckte hinaus. Da bewegte sich gegenüber am Fenster die Gardine, und ich sah den Kopf des kleinen Mädchens, halb hinter der Gardine versteckt, zu mir herüberlugen. Schnell wich ich in den dunklen Teil des Zimmers zurück, wo ich von draußen nicht zu sehen war, und beobachtete von dort aus das Fenster gegenüber.

Das kleine Mädchen trat jetzt ganz vor die Gardine hervor, und da es mich nicht mehr sah, blickte es auf die Straße. Schritt für Schritt schlich ich an meinen Fensterplatz zurück. Eine Weile blieb ich unbemerkt; aber

dann erfaßte mich der Blick des Mädchens wieder. Es lächelte. Plötzlich verschwand es und kam mit einer Puppe zurück. Es hielt die Puppe gegen die Scheibe; offensichtlich wollte es mir die Puppe zeigen. Nun lächelte und nickte ich, zum Zeichen, daß die Puppe mir gefiele. Wiederum verschwand das kleine Mädchen, tauchte unter der Gardine hervor wieder auf und hatte noch mehr Puppen. Es stellte sie nebeneinander auf die Fensterbank. Dann deutete es zu mir herüber, und ich verstand, ich sollte auch meine Spielsachen holen. Ich preschte in unser Kinderzimmer und holte meinen Heißluftmotor. Das kleine Mädchen zeigte sich erfreut,

bückte sich unter die Gardine und hob ein Puppenbett herauf. Ich bot als nächste Attraktion meine Kasperlefiguren dar.
So, noch bevor wir ein Wort miteinander gesprochen hatten, lernten wir uns kennen, und Anita wurde auf diese Weise meine erste wahrhaft stille Liebe.
Viele Jahre später wohnten wir beide in Berlin. Anita hatte geheiratet. Täglich fuhr ihr Mann an meiner Wohnung vorüber. Ich hörte es an dem Geklapper seines Fahrrades. Er hatte es als Sechzehnjähriger alt gekauft, und es waren noch immer dieselben Schutzbleche daran. Während des Krieges verloren wir durch denselben Bombenangriff auf Berlin unsere Wohnung. Keiner wußte danach vom anderen, wohin er verschlagen worden war. Erst lange Zeit nach dem Krieg erfuhr ich, Anita sei in der Stadt unserer Kindheit gewesen und habe sich erkundigt, ob ich noch lebe. Und als man ihr gesagt habe, ich sei aus dem Kriege gesund

zurückgekommen, habe sie zufrieden genickt: das habe sie nur wissen wollen. Dann sei sie wieder gegangen.

Ich wußte nicht, woher sie gekommen war, um nach mir zu fragen. Aber ich wußte noch, woher sie als vierjähriges Mädchen gekommen war; und dort fand ich sie wieder. Mit ihrem Mann, dem Fahrrad und einem Jungen. Der Junge war nicht ihr eigenes Kind. Sie hatte ihn als eigen angenommen.

Ja, und als dann meine Frau und ich auch ein Kind zu uns nehmen wollten, fragten wir Anita, wie man das mache, – und bekamen den Knilch.

Natürlich hatten wir anfangs gedacht, wir würden eigene Kinder haben. Aber dann sagte uns der Arzt: Nie!

Für meine Frau war das schmerzlicher als für mich. Um so mehr, als sie wußte, daß ich gern Kinder haben würde. Aber dieser Wunsch war – allerdings erkannte ich das erst jetzt – nie eingeengt gewesen von der Bedingung: leibliche Kinder.

Schon als Zweiundzwanzigjähriger hatte ich überlegt, ob man sich nicht zu allererst der Kinder annehmen sollte, die ‚schon da sind'.

Ich war nach Amerika ausgewandert und Lagerarbeiter geworden. Um Geld zu sparen, ging ich zu Fuß zur Arbeit und zurück. Es war ein weiter Weg. Er führte durch die Armenviertel von Pittsburgh. Täglich sah ich im Schmutz der Straßen die Kinder spielen. Ich sah ihre flatternden Lumpen; aber ich sah auch ihren kleinen Fleiß und ihren Eifer bei allem, was sie taten. Unter den Zeitungsjungen, die mit ihrem Packen über dem Arm straßauf, straßab flitzten, war einer ein sechsjähriger Knirps. Ihn, weil ich Freude an seiner Fixigkeit, aber vor allem Achtung vor seiner Leistung hatte, machte ich zu ‚meinem' Zeitungshändler. Im Laufe der Zeit erfuhr ich von ihm: er wohnte bei einer Tante, seine Eltern waren tot, schon jetzt, als Sechsjähriger, mußte er sich, so viel er konnte, ‚sein Geld' verdienen. Er erzählte mir: Manchmal frühmorgens, wenn er seine ersten Laufwege mache, beobachte er den Sternenhimmel. Eine Mondfinsternis habe er auch schon gesehen. Ob das wirklich der Schatten der Erde gewesen sei? Wenn er einst Geld genug habe, werde er sich ein Fernrohr kaufen.

Damals dachte ich darüber nach: Was wird aus solchen Kindern? Wer hilft ihnen weiter? Ich selbst war in Amerika zum erstenmal allein. Aber noch dort hatte ich den Rückenschutz meines Elternhauses: Jede Woche bekam ich von meiner Mutter einen Brief. Ich wußte, ich würde ‚heimkehren' können. Das Zuhause meiner Kindheit war noch da: auch für mich. Der sechsjährige Zeitungsjunge hatte das alles nicht. Und doch war er mit nicht weniger Anspruch auf sein Leben geboren als ich auf meines.

In jener Zeit kam mir der Gedanke: Wäre es nicht eine

Freude, solchem kleinen Burschen auf seinem Wege weiterzuhelfen?

Nun war es soweit. Ich würde keine leiblichen Kinder haben. Aber ich konnte ein ‚fremdes Kind' aufnehmen und zu meinem eigenen machen.

Meine Frau mißtraute mir zwar und meinte, nur ihr zuliebe wolle ich das tun. „Und wenn dir nachher so ein Balg lästig wird, bin *ich* schuld!"

Wir einigten uns, wir wollten zunächst Kinder ‚ausprobieren'. Und uns ebenfalls! Denn es war ja auch möglich, daß *wir* nicht den Kindern gefielen.

Als erstes Probekind brachte ich Johannes mit. Sein Vater war ein Kriegskamerad von mir und bewohnte mit seiner Familie ein winzig kleines Häuschen am Stadtrand. „In der Stadt lassen sie mich ja in keine Wohnung rein", sagte er, „wegen der Kinder." Johannes war das älteste der drei Kinder. Er war drei Jahre alt. Seinetwegen arbeitete der Vater auf dem Dachboden. Dort besuchte ich ihn.

Wir tranken aus einer Thermosflasche Kaffee. „Woanders haben wir keine Ruhe", sagte er. „Weißt du, wir haben ja viel im Kriege erlebt; aber sowas nicht. Bitte, hör dir das an!"

Ich fragte ihn, ob ich Johannes nicht mal mitnehmen dürfe. „Ob du darfst!?" Er sprang auf und rief die Leiter hinab seiner Frau zu: „Paulinchen! Pack den Koffer für Johannes! Wir werden ihn eine Weile los!"

Am Abend, als ich zu Bett gehen wollte, fiel mir auf, daß sich etwas in meinem Leben geändert hatte: ich mußte auf der Couch schlafen. In meinem Bett schlief Johannes.

Acht Tage war Johannes bei uns, da sah ich plötzlich: meine Frau hatte weißes Haar bekommen. Aber da war ich selber schon so mitgenommen, daß ich dachte: ‚Nun ja; kein Wunder!' Und es war auch kein Wunder: Johannes hatte mit meiner Frau ‚Rammbock' gespielt und sie mit dem Kopf gegen eine weißgekalkte Wand gebufft. „So?" fragte meine Frau. „Weiß? Och, mich stört das nicht. Wir haben ja soviel Spaß!"

Dreimal war Johannes bei uns. Jedesmal holte Paulinchen ihn nach vierzehn Tagen zurück. Aber wenn ich seinen Vater besuchte, gab der ihn mir dankbar wieder mit.

Bald hatte sich herumgesprochen, daß wir ‚Kinder in Verwahrung' nähmen, und Eltern, die gern mal verreisen oder nur sich eine Zeitlang ausruhen wollten, fragten, ob sie uns ihre Kinder, oder eines wenigstens, solange überlassen könnten. Auf diese Weise gewannen wir in verhältnismäßig kurzer Zeit Erfahrungen mit Kindern beinahe aller Größen.

Cornelie war das kleinste. Sie war anderthalb Jahre alt. Als sie ankam, auf dem Arm meiner Frau, begrüßte sie mich damit, daß sie nach meiner Nase faßte und hineinkniff. „Da-da!" sagte sie freudig.

Ich mußte für sie sogleich einen Laufstall zimmern und den an der Wand noch festschrauben. Sie wäre sonst, mitsamt dem Laufstall, im ganzen Zimmer unterwegs gewesen.
Ihr liebstes Spielzeug waren leere Konservendosen. Sie nannte sie ‚Tulla' – vermutlich, weil sie so schön trullerten. Morgens, wenn ich beim Kaffeetrinken saß – mein Stuhl stand unmittelbar neben dem Laufstall – streckte Cornelie mir über das Laufstallgitter hinweg eine Konservendose hin. „Tulla, da-da!" Das bedeutete: ich mußte mir die Konservendose auf den Kopf setzen. Sie selbst setzte sich auch eine Konservendose auf den Kopf. Dann sagte sie: „Ei-ei!" und sah mir zu, wie ich mit der Dose auf dem Kopf Kaffee trank. Das war gar nicht leicht für mich, besonders beim Austrinken der Tasse. Cornelie beobachtete dabei gespannt, ob mir die Dose vom Kopf glitt, und wehe, wenn sie herunterfiel! Dann nahm Cornelie die Dose von ihrem Kopf und pfefferte sie nach mir. Sie traf mich aber nicht, und daher flog die Dose auf den Tisch und warf irgend etwas um. Das stimmte Cornelie wieder zufrieden, sie klatschte in die Hände und sagte: „Ei-ei!" Da sie fast ein halbes Jahr bei uns blieb, habe ich – nachdem ein paarmal das Milchkännchen umgekippt war, und einmal sogar die Kaffeekanne – heimlich in eine Konservendose zwei Löcher gebohrt, durch die ich ein Gummiband zog. Dieses Gummiband hakte ich unter

mein Kinn; dann saß die Dose auf meinem Kopf fest wie ein Helm, und ich konnte mit dieser Vorrichtung meinen Kaffee in Ruhe austrinken.
Während Cornelie bei uns war, bekamen wir für ein paar Tage auch wieder Regine. Regine war oft bei uns. Obwohl sie schon acht Jahre alt war, durfte sie nie längere Zeit allein gelassen werden. Sie litt an epilepsieähnlichen Anfällen, die wahrscheinlich eine Folge der Kriegserlebnisse waren. Diese Anfälle begannen mit einem lauten, schrecklichen Schrei, der kein menschlicher Schrei mehr war, sondern der gequälte Schrei der ihres Bewußtseins beraubten Kreatur.
Regine wußte von ihrer Krankheit, sie wußte, daß sie manchmal mitten im Spiel oder während des Schulunterrichts ‚fortgewesen' war, und da sie sich nicht erinnern konnte, wo sie gewesen war, genierte sie sich dieses ‚Fortgewesenseins' und mied daher andere Kinder – wie leider auch die anderen Kinder sie mieden.
Cornelie aber war, als Regine zu uns kam, mit ihr sofort gut Freund. ‚Gina' nannte sie Regine, und Gina mußte mit ihr spielen und tat es gern. Oft stieg sie zu Cornelie in den Laufstall und spielte so behutsam mit ihr, wie dies eigentlich nur eine Mutter tun kann. Abends, wenn Cornelie früher als Regine zu Bett gebracht wurde, winkte Cornelie ihr mit zärtlichem Lächeln einen Gute-Nacht-Gruß zu: „Na-na, Gina! Nana!"

Da kamen auf einmal wieder die Tage der Anfälle. Wir sagten Regine, sie habe Fieber, sie müsse zu Hause bleiben und könne nicht in die Schule. Regine spürte wohl, was wirklich mit ihr war, und daß sie Schutz brauchte, denn sie fügte sich gern; nur wollte sie nicht im Bett bleiben. Um ihr keinen Anlaß zu einer Gemütserregung zu geben, erfüllten wir ihr den Wunsch, und so lag sie bei uns im Wohnzimmer auf der Couch. Cornelie stand hinter dem Gitter ihres Laufstalls, streckte die Hände nach Regine aus und rief: „Gina! Gina! Gina! ..."

Regine war es peinlich, daß sie sich nun gar nicht Cornelies annehmen konnte, und lächelte der kleinen Freundin verlegen zu. Wir machten Cornelie verständlich, daß Gina krank sei und Ruhe brauche. Da stand Cornelie still am Gitter, kniff den Mund fest zusammen und sah schweigend zu Regine hin. Dann wandte sie sich ihren Spielsachen zu und spielte, halblaut vor sich hin erzählend, allein.

Plötzlich war der Schrei da, dieser furchtbare, schreckliche Schrei! Meine Frau war im Nu bei Regine und hielt sie fest. Ich kniete mich schnell neben den Laufstall und wollte Cornelie ablenken. Aber, ebenso wie uns, hatte der Schrei Cornelie durchdrungen, sie war jäh von ihren Spielsachen hochgetorkelt, sah in die Richtung, aus der sie der Schrei getroffen hatte, sah meine Frau über Regine gebeugt, und nun rannte sie gegen das Gitter des Laufstalls an, mühte sich mit allen Gliedern vergeblich hinauszuklettern, hielt sich mit einer Hand fest, streckte die andere weit über das Gitter zu Regine hin, winkte und rief – mit so liebevoller, gütiger Stimme, wie ich sie bei einem kleinen Kinde für unmöglich gehalten hätte: „Ei-ei, Gina! Ei-ei! Gina, ei-ei!“ Auch, als der Anfall vorüber war, blieb sie noch am Gitter stehen, sah zu Regine hin und rief zärtlich weiter: „Gina! Gina! Ei-ei!“

Wer war es, der das rief? Cornelie? Es war der Mensch! Was wußte das Kind Cornelie denn von dem Todesschrei, ehe es ihn hörte? Und doch erkannte es ihn sofort! Und bedenkenlos verließ es seine kleine Welt, vergaß sich selbst und war nur von dem einen Drang erfüllt: zu helfen, dem beizustehen, der in Not war.

‚Liebe deinen Nächsten wie dich selbst‘ – das kleine Menschenkind Cornelie hat uns damals gezeigt, daß mit diesem Auftrag seines Herzens jeder Mensch geboren wird; er braucht ihn nicht erst zu lernen. Er kann ihn nur ‚verlernen‘. Der Mensch, wenn er in die Welt kommt, ist gut! Denn: ‚Gott schuf den Menschen Sich zum Bilde.‘

Wir waren vor lauter ‚Kinderbewahren‘ gar nicht mehr dazu gekommen, an ein eigenes Kind zu denken. Das Erlebnis mit Cornelie aber war nun für uns ‚das Signal‘. Ich schrieb an Anita und bat sie, uns zu erklären,

was wir tun müßten, damit uns ein Kind in Pflege gegeben würde, das wir später adoptieren könnten. Als Antwort kam von einem Jugendamt Bescheid: Durch Anitas Mann habe das Jugendamt davon erfahren, daß wir zwecks späterer Adoption ein elternloses Kind in Pflege nehmen wollten. Das Jugendamt suche zur Zeit eine Pflegestelle für einen vierjährigen Jungen und bitte daher um unseren Besuch, bei dem wir den Jungen in Augenschein nehmen könnten.
Dieser Junge war der Knilch!

WIE DER KNILCH ZU VATER UND MUTTER KAM

Zuerst meinte meine Frau ja: „Schade, daß er schon vier Jahre alt ist! Besser wäre ein kleineres Kind; das gewöhnt sich leichter."
„Soll ich abschreiben?" fragte ich.
Da aber war meine Frau empört: „Der steht doch da schon herum und wartet auf uns! Du willst doch wohl nicht den Jungen stehen lassen und nicht kommen?"
Also fuhren wir hin.
Das Jugendamt, das uns geschrieben hatte, war in der Kreisstadt eines anderen Kreises als des unseren. Es wurde eine etwas umständliche Reise – zweimal auf einer Nebenstrecke, dann auf einer Hauptstrecke, dann wieder auf einer Nebenstrecke. Auf dem Jugendamt ging es dafür weitaus schneller, als wir erwartet hatten. Wir mußten die nötigen Erklärungen abgeben und belegen, der Pfleger berichtete uns, was er über den Jungen wußte – es war nicht gerade viel, im Grunde genommen gar nichts –, dann sagte er: „So, wenn es Ihnen recht ist, lassen wir den Jungen nun hereinkommen?"
Mir schlug das Herz bis hinauf in den Adamsapfel.

Meine Frau wurde blaß. Die Tür ging auf, und ein strubbeliger Junge kam herein. Aber wie! – so mit Siebenmeilenschritten. Er sah nicht links, nicht rechts, sprach keinen Ton, stieg wortlos neben dem Schreibtisch des Pflegers auf einen Stuhl, nahm den dicksten Stempel und haute ihn krach-bum aufs Stempelkissen. Dann, ohne sich zu besinnen und ohne zu bremsen, stempelte er ruck-zuck-krach-bum sämtliche Papiere, die in seiner Reichweite lagen.

Das war unser Sohn!

Meine Frau sah, daß ich ihn und sein emsiges Tun kritisch betrachtete. „Überlegst du etwa, ob wir ihn nehmen? Man sucht sich seine Kinder nicht aus!"

Das war richtig, und ich schämte mich. Zwar hatte der Pfleger gesagt: „Wenn Sie mit ihm nicht zurechtkommen, können Sie ihn jederzeit wiederbringen." Aber meine Frau hatte recht: Man kann sein Kind nicht einfach zurückgeben! Man tauscht sein Kind nicht um!

Wir verließen also das Jugendamt, in das wir als kinderloses Ehepaar gekommen waren, als Familie; in unserer Mitte: der Stempelwüstling. Er hieß Paul.

Wir nannten ihn spontan ‚Knilch'. Das war unser Kosename für ihn, der ihm genau paßte. Er war ein richtiger kleiner Stromer. Er sah aus wie vom Treck gefallen, und als sei er dann allein, über die weiten Landstraßen aus dem Osten, zu Fuß bis zum Jugendamt gepilgert. Seine Schuhe waren ihm viel zu groß – daher die Siebenmeilenschritte – er stolperte über sie und fiel bisweilen längelang hin; dann stand er unverdrossen wieder auf – er schien das längst gewöhnt zu sein – und latschte, guten Mutes, stolpernd weiter. Auch sein Mantel war ihm zu groß. Der Riegel im Rücken hing ihm auf dem Po, und aus den Ärmeln guckten nur die Fingerspitzen. Er glich einem wandelnden oder trudelnden Sack. Als Kopfbedeckung hatte er eine Baskenmütze, die er über Stirn und Ohren gezogen trug. Immerhin, seine Nase konnte man sehen. Aber auch wenn man sie nicht sah, wußte man, daß er eine hatte: man hörte sie.

Auf dem Wege zum Bahnhof begleitete uns die Schwester, die ihn gebracht hatte. Sie sollte, während wir durch die Straßen schlenderten – so hatten wir es verabredet – unmerklich für den Jungen, verschwinden.

Plötzlich war die Schwester weg. Wir gingen schnell in einen Spielwarenladen und kauften eine Spieldose. ‚Wenn dich die bösen Buben locken mit einem Schokoladenplocken, dann folge ihnen nicht!' Aber uns, mit der Musikdose, sollte der Junge folgen! Wir kamen uns vor wie die Räuber.

Glücklicherweise war ihm gesagt worden: Eines Tages kommen deine Eltern und holen dich! Nun, und da waren wir jetzt: ‚seine' Eltern! – und so lief er denn treuherzig mit uns mit. Es war zum Heulen.

Unterwegs, auf der Fahrt, hatten wir auf dem Um-

steigbahnhof an der Hauptstrecke eine Stunde Aufenthalt. Meine Frau ging in die Stadt; sie wollte schon ein paar neue Sachen für den Jungen kaufen. „Mit euch Männern dauert mir das zu lange!"
Da saß ich mit meinem Sohn allein im Wartesaal und drehte für ihn die Musikdose. Ich wollte mich gern bei ihm beliebt machen.
Eine Weile verstanden wir uns auch gut. Wir kurbelten abwechselnd. Aber dann kurbelte er links herum, und da hatten wir unseren ersten gemeinsamen Krach: es krachte in der Musikdose.
Während ich an ihr herumfummelte und angestrengt nachsann, wie ich sie möglichst schnell wieder heil kriegte, beobachtete ich den Knilch. Und er mich! Er hatte die Augen zusammengekniffen und sah mich lauernd an. Mir war nicht wohl unter diesem Blick. Plötzlich stand er auf, zog den Fahrstuhl in seiner Nase laut und deutlich aufwärts und ging weg. Nur ruhig! sagte ich zu mir. Ganz ruhig bleiben! Ich fühlte: jetzt begann der Ringkampf um die Entscheidung.
Ich rief ihn; er beachtete meinen Ruf gar nicht. Ich rief ihn noch einmal; er drehte sich um, grinste, war schon an der Tür, und als er sah, daß ich aufstand, rannte er hinaus. Ich hinter ihm her! Draußen sah ich seinen langen Mantel gerade noch um die Ecke des Wartesaalgebäudes flitzen. Hut in die Hand, und ich flitzte auch. Jetzt stolperte er nicht und fiel auch nicht hin. Er rann-

te blindlings quer über den Bahnsteig, sprang auf die Gleise – da war ich bei ihm und hielt ihn fest. Er wehrte sich, schlug, brüllte, warf sich hin – zum Glück kam kein Zug – ich riß ihn hoch und schleppte ihn in den Wartesaal zurück. Es war so billig, den Schwächeren mit Gewalt zu bändigen; aber das hatte ich in *der* Minute erkannt: dieser tierhafte kleine Wilde fügte sich nur körperlicher Überlegenheit.

Wir haben wochenlang miteinander gerauft, und manchmal war es so, daß meine Frau und ich uns schweigend ansahen: Werden wir ihn ‚hinkriegen'? Still für uns gedacht haben wir beide wohl: Nur nicht schlappmachen! Der, der schlappmachen muß, ist der Knilch. Aber der war zäh!

Wir machten in der ersten Woche mit ihm eine Wanderung in seine ‚neue Welt', die Weserberge. Dort waren wir nach dem Kriege untergeschlüpft. Auf dem Rückweg wollte ich ihn streckenweise huckepack tragen. Doch es kam nicht dazu. Der Knilch lief unermüdlich bergauf, bergab, fünfundzwanzig Kilometer! Tatsache! Und als wir zurückkamen, fragte er an der Haustür: „Darf ich noch draußen bleiben und spielen?"

Nur wenn man ihn geistig anstrengte, machte er schlapp. Ein einfaches Legespiel, bei dem er über das Zusammensetzen von Klötzen zu Märchenbildern nachdenken mußte, erschöpfte ihn so, daß er nach längstens einer halben Stunde müde den Kopf an die Mutti schmiegte und still vor sich hinsah, wahrscheinlich fassungslos darüber, daß er auf einmal keine Kräfte mehr hatte.

Wir versuchten aus ihm herauszuhören, wie eigentlich bisher sein Leben gewesen war. Aber er erzählte nur von Wurst. „Und dann hat er das Schwein genommen, und nachher bekamen wir alle Wurst." – „Wer hat das Schwein genommen?" – „Na, der Mann! Und dann hat er uns allen Wurst gegeben." – „Euch allen? Wer war denn da noch?" – „Na, alle! Und alle kriegten wir Wurst!" Wurst war offenbar das Höchste in seinem Leben. Sobald wir uns mittags zu Tisch setzten, fragte er prompt: „Gibt es Wurst?" Und bevor er zum Spielen vors Haus ging, war seine einzige Sorge: „Wenn ich nachher wieder raufkomme, gibt es dann Wurst?" Andere Sorgen hatte und machte er sich nicht.

Er war bestimmt noch nie angehalten worden, seinen Verstand zu gebrauchen. ‚Angehalten' – wie es das Wort sagt. Wie eine Achterbahn ohne Bremsen rollte er durch die Wohnung, die Treppen herauf und hinunter, und kreuz und quer über den Hof. Hemmungslos tat er alles, wozu es ihn trieb. Trieb war sein Motor. Und was er tat, tat er ohne Bewußtsein.

Fraglos ist es von einem Vierjährigen zuviel verlangt, daß er sich sein Tun bewußtmacht und denkt. Aber unseren Knilch mußten wir dazu bringen. Er wäre sonst für die Umwelt, in die er nun geraten war, der geblieben, als der er von Beginn an bei unseren Nachbarn galt: der fremde Junge, der so böse ist. Und womöglich hätte das dazu geführt, daß er böse *geworden* wäre.

Jetzt tat er seine Biestigkeiten, ohne zu wissen, daß es Biestigkeiten waren. Wußte er es aber, würde er sie hoffentlich nicht mehr tun.

Die beste Schule ist die Erfahrung am eigenen Leibe. In diese Schule nahm ich ihn. Es war eine Gewaltkur, und der Knilch staunte. Ich erwischte ihn, als er Gänse mit einem Knüppel schlug, jauchzend! – soviel Spaß machte es ihm. Mit demselben Knüppel verhaute ich daraufhin ihn, und dann fragte ich, ob das ihm Spaß gemacht habe? Er war so verdutzt, daß er aufhörte zu weinen, schüttelte mit Überzeugung den Kopf – so, als wollte er sagen: Du bist wohl blöde? – und sagte nachdrücklich: „Nei-in!" – „Genau so hat das auch den Gänsen keinen Spaß gemacht! Denen, als du sie schlugst, hat das ebenso weh getan!" Ein andermal hatte er Kindern Sand ins Gesicht geworfen. Als ich davon hörte, ging ich mit ihm in die Sandkuhle und warf *ihm* Sand ins Gesicht. Er brüllte und fand Sandwerfen gar nicht mehr lustig. Dann hatte er, um zu zeigen, was er konnte, Kellerfensterscheiben eingetreten. „Nun paß mal auf, was *ich* kann!" sagte ich, nahm ein Spielzeug von ihm und trat es platt. Das gefiel ihm ebenfalls nicht. „Aber", sagte er, „ich habe mich auch noch an einer Scherbe geschnitten! Hier" – er zeigte mir seinen Daumen – „richtig geblutet hat es! Ganz viel!" – „Ja, und dann hast du gebrüllt, daß die Mutti dachte, dir wäre etwas ganz, ganz Schlimmes passiert. Und dabei waren die Scheiben viel mehr kaputt als dein Finger! Erst willst du zeigen, daß du ein Kerl bist, und dann schreist du über einen kleinen Fingerritz!" – „Ja, aber das blutete doch, ganz doll!" – „Na, und?" Ich nahm das plattgetretene Spielzeug vom Fußboden auf und ritzte an einer Blechkante mir den Daumen. „O backe, Vati, da ist ja Blut!" – „Klar! Aber deswegen brülle ich nicht, sondern gehe zur Mutti und bitte sie, mir den Daumen zu verbinden."

Es waren Glanzvorstellungen, die ich ihm gab, und sie wirkten. Sie brachten ihn sogar zum Denken. Er fragte nämlich: „Vati, als du mich verhauen hast, hat das denn dir auch keinen Spaß gemacht?"

„Nein. Oder hast du gehört, daß ich vor Freude gequietscht habe? Wie du, als du die Gänse schlugst!"

Er schüttelte betreten den Kopf und sagte dann leise: „Das macht mir jetzt auch nie wieder Spaß! Hauen ist häßlich, nicht?"

„Ja. Und mit Sand werfen auch!"

„Nun wollen wir aber davon aufhören!" Er sagte das sichtbar belästigt. „Ich bin jetzt ein *lieber* Junge!"

Er hat wirklich nie wieder Tiere geschlagen, auch nicht mit Sand geworfen und Scheiben eingetreten. Freilich, es gab kaum einen Tag, an dem er nicht irgendeine neue Ungezogenheit beging, manche mehr, manche weniger scheußlich, bisweilen sogar übelste Schandtaten – ja, solcher Art, daß eine Lehrerin, die ihn wiederholt beobachtet hatte, sagte, der Junge gehöre nicht in eine Familie, sondern in eine Erziehungsanstalt. Aber er war ja *unser* Sohn, und mithin hatten *wir* die Aufgabe, ihm klarzumachen, was man tun darf und was nicht. Das taten wir unnachgiebig auf immer dieselbe drastische Weise. Etwa drei Monate lang. Dann hatten wir ihn soweit, daß er anfing und selber sein Tun bedachte; hin und wieder schon sogar sein Tun-wollen. Einmal kam er spontan vom Spielen die Treppe heraufgepoltert, stürmte atemlos – vor Eile atemlos! – ins Zimmer und verkündete strahlend: „Mutti, eben wollte ich Ulrike in die Brennesseln schmeißen! Ich hab's aber nicht getan! War das von mir lieb?"

Wir lobten ihn, und er war sehr stolz. Er *wollte* ja gern begreifen! Niemals hat er übelgenommen, daß ich, was er andern angetan hatte, ihm antat. „So; fertig!" sagte ich. „Das kommt nicht wieder vor! Wir sind jetzt wieder gute Freunde und vertragen uns. Klar?" Der Erfolg war, daß er späterhin ganz aus eigenem Antrieb zu mir kam und gestand, er sei leider wieder mal gar nicht lieb gewesen. „Entschuldige, bitte, Vati! Ich wer-

de es nicht wieder tun! So, nun wollen wir uns wieder vertragen!" Wir gaben uns die Hand, er umarmte mich stürmisch, dann rannte er zu meiner Frau: „Mutti, Vati und ich sind wieder Freunde!"
Er hatte zu uns ein ganz sicheres Vertrauen bekommen, und zugleich war er wohl auch dankbar, daß da nun zwei Menschen waren, die sich um ihn kümmerten, die auf ihn aufpaßten, und die ganz allein ihm gehörten. Wir, seine Eltern, waren doch *sein* Besitz. Und er war ja glücklich schon über jedes Bißchen, das *sein* Eigen war. Auf dem Umsteigbahnhof, als meine Frau zurückkam und ihm ein neues Hemd mitbrachte – sie zog es ihm im Waschraum gleich an – strahlte er nur so vor Freude: „Das ist *mein* Hemd?!" Und als wir ein Bett für ihn gekauft hatten, stand er jubelnd davor, klatschte die Hände zusammen und rief aus: „*Mein* Bett ist das?! Oh-h!"
Er betonte in der ersten Zeit stets das Wort ‚mein'. Er sagte nicht Vati oder Mutti – er sagte: „*Meine* Mutti! *Mein* Vati!" Wenn wir mit ihm fortgingen, erklärte er auf dem Hof den anderen Kindern nicht: Ich gehe jetzt mit Vati und Mutti fort, sondern er sagte: „Ich gehe jetzt mit *meiner* Mutti und mit *meinem* Vati!" Oder: „*Meine* Mutti nimmt mich nämlich jetzt mit zum Einkaufen!"
Damals überwachte er uns genauso wie wir ihn. Meine Frau ließ er nur fortgehen, wenn er sicher wußte, daß

ich zu Hause war. Im umgekehrten Fall war es ebenso. Und gingen wir beide, oder einer war schon fort und nun ging auch der andere, konnte selbst das herrlichste Spiel ihn nicht zurückhalten: dann ging er mit.
Wir haben es versucht, ihm zu entkommen. Wir wollten gern schwimmen, und wenn er dabei wäre – das war klar – würden wir nicht vom Ufer weg können. Wir ‚schlichen' uns gerade davon – da sah er uns.
„Meine Mutti! Mein Vati! Wo geht ihr hin?"
„Schwimmen. Bleib du nur hier und fahr mit deinem Roller! Wir sind gleich wieder da!"
„Wartet! Ich komme mit! Ich stelle nur meinen Roller ins Haus!"
„Du kannst ja nachkommen!"
Wir sahen, wie er mit dem Roller davonbrauste, aber wir dachten: Ach, wenn er uns nicht mehr sieht, wird er sich bestimmt mit seinem Roller trösten.
Unser Badeplatz lag an einem Fluß. Der Weg dorthin führte zwischen Viehweiden und durch ein kleines Stück Wald hindurch und dauerte gute zwanzig Minuten. Wir waren mit dem Knilch erst ein einziges Mal dort gewesen: er würde also sicherlich gar nicht wissen, wie er zum Badeplatz gehen mußte.
Wir hatten schon gebadet, da kam er an. Laut heulend. Er wollte uns erklären, warum er heulte, aber vor lauter Schluchzen und Fahrstuhl in der Nase konnte er nicht. Als wir zu Hause waren, erfuhren wir: Unsere

Nachbarin hatte ihn zurückhalten wollen. „Wo willst denn du hin?“ – „Schwimmen! Mein Vati und meine Mutti haben gesagt, ich soll hinterherkommen!“ Unsere Nachbarin hielt das für Schwindel und wollte ihn festhalten; aber er rückte ihr aus. Auf dem Wege zwischen den Wiesen begegnete er drei Frauen, die vom Felde kamen. Auch sie wollten ihn festhalten, eine hatte ihn schon gegriffen; er brüllte, riß sich los und lief weg. Und obwohl er den Weg erst ein einziges Mal gegangen war, fand er ihn wieder und traute sich sogar allein durch den Wald!

Er wollte eben einfach zu uns! Er bekam bei uns seine Wurst, er hatte sein Bett bei uns, wir waren seine Mutti und sein Vati. Bei uns fühlte er sich zu Hause und geborgen.

Das brachte er auf die herrlichste Weise zum Ausdruck, als er einmal mitten im Treppenhaus friedlich auf dem Topf saß. Der Weg zum Klo nämlich – in dem Gutshaus, in dem wir wohnten – führte über mehrere Treppen, und diese Treppen – zwei runter, eine rauf, dann noch drei Stufen – schaffte der Knilch meistens nicht mehr. Deshalb hielt meine Frau den Topf in steter Alarmbereitschaft. Und – bums! – da überkam es den Knilch zwischen Treppe und Wohnungstür: er konnte nicht mehr von der Stelle. „Schnell, Mutti! Schnell!“ rief er und knöpfte, mit zitternden Fingern, die Hose schon ab. Meine Frau kam mit dem Topf angesaust und

schob ihn noch gerade rechtzeitig unter. Es gab einen Donnerschlag; dann ruhte sich der Knilch erleichtert und dankbar aufatmend von der bangen Anstrengung aus. Während er da saß, kam der Gutsverwalter die Treppe herauf und sah wohl mit ziemlich erstaunten Augen den Knilch auf dem Treppenabsatz in nicht mißzuverstehender Hockstellung sitzen. Der Knilch aber fühlte sich vollkommen sicher und erklärte freundlich: „Ich wohne nämlich hier!"

Ich weiß nicht, was der Verwalter daraufhin für ein Gesicht gemacht hat; ich vermute aber, er hat nur stumm und wissend genickt. Es war ja längst sattsam bekannt, daß die neue Rübe auf dem Hof unser Sohn war.
Wir hatten auch schon die ersten Rechnungen bekommen. Darunter eine Arztrechnung. Aber nicht über ärztliche Behandlung, sondern umgekehrt: der Knilch hatte das Auto des Arztes behandelt. Er hatte es eingerieben mit nassem Dreck.

Im allgemeinen haben Erwachsene gegenüber Kinderstreichen Humor. Wenn aber unser Knilch auch nur einen harmlosen Streich beging, fand den niemand komisch. Vielmehr galt jeder seiner Streiche als Beweis dafür, daß er von niedrigster Herkunft sei. Ein Kind, über dessen leibliche Eltern man nicht mehr weiß als: daß es sie zweifellos gegeben haben muß, ein solches Kind kann doch nur von Gesindel abstammen! ‚Feine' Eltern sterben eben nicht; oder, wenn sie's tun, lassen sie ihr Kind nicht so allein. Jedenfalls ist dies offenbar die übliche Meinung.
Welche Jungenstreiche jetzt auch passierten, sie alle kamen auf das Schuldkonto unseres Sohnes. Die Erwachsenen sahen ihn strafend an, uns sahen sie strafend an. Wie hatten wir diesen hergelaufenen kleinen Landstreicher nur ins Haus nehmen können! In dasselbe

Haus, in dem noch andere Familien und Kinder wohnten! Er war doch eine Gefahr!
Wenn natürliche Eltern ihr Kind ins Haus bringen, hat der Vater Mutter und Kind von der Klinik abgeholt, und das ganze Haus bildet bei Babys Einzug Spalier. Wohnungstüren werden aufgerissen, Frauen stürzen heraus, und von Stockwerk zu Stockwerk pflanzt sich der Jubelruf fort: „Ei, ei, wo ist es denn? Ei, ei, da ist es ja!" Und brüllt das Baby vor Schreck über die vielen Stimmen, ermutigen dieselben Stimmen es noch: „Oh, oh, was für eine kräftige Stimme! Ja, Kerlchen, brüll nur; das macht stark!" Mutter und Vater werden von allen Seiten beglückwünscht, und kein Mensch äußert Bedenken gegen das Kind.
Als wir mit unserem Knilch ankamen, war das anders. „Und den", sagte unsere Hauswirtin, „den wollen Sie behalten? So, so! Na, dann viel Glück! Aus was für einem Hause ist er denn?"
„Aus einem Beamtenhaus!" sagte ich fuchtig. „Vom Jugendamt!"
Zugegeben: mehr, als daß er ungeheuer stempeln konnte, wußten wir damals noch nicht. Aber normalerweise wissen Eltern ja nicht einmal das!
Frau Meier aus unserem Hause umkreiste ihn mehrere Tage; dann sagte sie: „Es geht mich ja nichts an, aber – der Bengel gefällt mir nicht. Dieser Blick von dem Jungen, diese Augen – wie die einen ansehen! Nee, nee."

„Meinen Sie, *Ihr* Blick gefällt ihm?“ fragte ich. „Wie sehen *Sie* ihn denn an? Haben Sie Ihre eigenen Kinder auch so angesehen?“

„Aber“, ereiferte sie sich, „das ist doch etwas ganz anderes! Bei seinen eigenen Kindern weiß man doch, was in ihnen steckt!“

So?

Ich habe als Junge geklaut. Ich war nicht der einzige, wir waren viele. Wären wir erwischt worden, hätte man uns unzweifelhaft als kleine Verbrecher gebrandmarkt. Da wir uns aber nicht erwischen ließen – mithin doppelt gerissen waren! – galten wir weiterhin als die braven Jungen.

Was aber, hätte man uns geschnappt? Zunächst, dessen bin ich sicher, würden unsere Eltern es einfach nicht geglaubt haben, daß ihre Kinder ‚Klaubrüder‘ seien. Meine Mutter hätte sogar mit Entschiedenheit gesagt: „Mein Junge stiehlt nicht!“ Und ich – gewissenlos wie ich war – hätte vermutlich dazu noch mit dem Kopf genickt. Um so entsetzter wären meine Eltern dann über die Tatsache gewesen, daß ich doch geklaut hatte. Und sie hätten gegrübelt: Von wem hat er das bloß?

Ja, von wem?

Frau Meier meinte: „Aber ständig diese Zicken, die er macht!“

„Haben denn Ihre Kinder“, fragte ich, „nie Zicken gemacht?“

„Sie sind unbelehrbar", sagte Frau Meier. „Mir persönlich kann es ja egal sein. Ich meine es ja nur gut. Gewiß, was kann das arme Wurm dazu, daß es seine richtigen Eltern nicht mehr hat. Aber daß man nicht weiß, wer sie waren!"

Und wenn ich es wüßte?

Ich habe erlebt, daß eine Tochter ihre Mutter schikanierte und daß ein Sohn seinen Vater verhaute, und ich war bei einer Gerichtsverhandlung über einen Gartenschlauch, dessentwegen eine Tochter ihre Mutter verklagt hatte. Und in allen drei Fällen waren es leibliche Kinder.

Als aber diese Kinder noch in der Wiege lagen und strampelten, haben ihre Eltern und die Nachbarn sie für Engelchen gehalten. Und sie haben sie ermutigt, tüchtig zu brüllen; denn das mache stark.

Über unseren Knilch, wenn der sein Indianergebrüll von sich gab, sagte man, er habe so eine tierische Stimme; wir sollten nur ja aufpassen, daß er uns später nicht mal was antue. „Sie wissen doch gar nicht, was aus dem noch alles rauskommt!"

Bei wem weiß man das? Mir wäre, hätte ich einen natürlichen Sohn, meine leibliche Vaterschaft keineswegs Gewähr dafür, daß aus dem Jungen einmal ‚etwas Ordentliches' würde und daß er das Zeug zum ‚edlen Menschen' in sich habe. Ich würde sogar gegen ihn begründeten Argwohn haben! Denn *mich* kenne ich! Und so

schön bin ich nicht, daß ich gegenüber eigenen Kindern ohne Bedenken sein könnte. Wer überhaupt ist so schön?
Es ist erstaunlich: Wir wissen genau um unsere Fehler, aber das hindert uns nicht, dennoch eigene Kinder haben zu wollen und zu haben. Selbst Menschen, die über ihre Vorfahren so genau unterrichtet sind, daß sie sich bedenklich am Kopf kratzen, haben wiederum Kinder. Sie sagen: Wir werden eben darauf achten, daß ‚so etwas wie Urgroßvater' nicht noch mal vorkommt! Man vertraut also auf die Kraft der Erziehung. Warum nicht auch bei einem Waisenkind?
Dem Knilch half keiner. Im Gegenteil: Die Kinder wurden vor ihm gewarnt. Und da stand er denn in den ersten Tagen, ja, Wochen allein unten auf dem Hof, und die anderen Kinder standen um ihn herum und guckten ihn an, neugierig und argwöhnisch, mit demselben ‚schiefen' Blick wie ihre Eltern.
Wir hätten es bestimmt leichter gehabt, und erst recht der Knilch, die bösen Triebe in ihm umzulenken, wenn nicht die Erwachsenen so verbohrt bei ihrer vorgefaßten Meinung geblieben wären. Gerade ein Kind, das seine Eltern nicht mehr hat, braucht doch Vertrauen, Liebe und Schutz viel mehr als ein Kind, das in der natürlichen Geborgenheit bei den eigenen Eltern aufwächst. Denn, spürt es die Geborgenheit und das Vertrauen nicht, verschließt es sich, wird scheu und schließ-

lich mißtrauisch. Daraus erst wächst *dann* der schlechte Charakter, den man schon vorher in das Kind hineingedacht hat. Die Immer-Gescheiten aber sagen: Na, bitte, da haben wir's! Manche Erwachsenen haben geradezu mit Wonne – und ohne ihn daran zu hindern! – den Knilch bei seinen schlimmen Streichen beobachtet. Und wenn meine Frau oder ich auf den Hof kamen, um nach ihm zu sehen, wiesen sie selbstzufrieden auf ihn hin und sagten: „Da! Sehen Sie ihn sich nur an! Er ist ‚gerade wieder dabei'!" Es war ihnen eine Lust, uns zu ‚beweisen', daß er nichts tauge.
In jener selben Zeit beging ein einheimischer Junge – einer, dessen Eltern jeder kannte – eine üble, wirklich sehr üble Unanständigkeit an zwei anderen, kleineren Kindern. Er wurde ertappt, und alle Eltern waren empört. Aber bald war das vergessen; oder wer noch daran dachte, sagte: „Nun ja, das kommt eben vor bei Kindern! Denken wir doch nur daran, was wir selber ausgefressen haben!"
Jawohl: *jeder* Mensch ist ein Risiko! Und jedes Kind kann der bessere Mensch werden: besser als ‚Urgroßvater'! Folgerichtig kann auch jedes Waisenkind der bessere Mensch werden!

Als der Knilch ein Jahr bei uns war, war er längst meiner Frau ein tüchtiger Helfer geworden, bei der Gartenarbeit und im Haushalt. Er besaß ein eigenes Marktnetz und ging allein einkaufen. Zwar dauerte das ein bißchen lange, weil er unterwegs bei seinen Freundinnen stehenblieb und ein Schwätzchen hielt; doch entschuldigte meine Frau das, denn – so sagte sie – das habe er von mir.

Einmal war meine Frau schon früh zu einer Besorgung gegangen; wir Männer lagen noch im Bett und schliefen. Als meine Frau zurückkam, war der Knilch aufgestanden, hatte sich gewaschen und angezogen und stand vorm Herd und kochte Haferflocken. Er hatte Holz aufs Feuer gelegt, die Haferflocken in den Topf mit kochendem Wasser geschüttet, – und wies nun stolz auf seine außergewöhnliche Leistung: einen vollendeten Pamps!

Wir haben den Pamps gegessen, meine Frau lobte und bewunderte beide, den Pamps und den Knilch; mußte aber dem Knilch sagen, daß er das leider nicht wieder tun dürfe: er hätte sich verbrühen und verbrennen, ja, er hätte die Wohnung in Brand stecken können.

„*Unsere* Wohnung? Oh, Mutti, nein, dann tue ich es nicht wieder!" Er sah sich ängstlich um und war froh, daß noch alles heil war. Die Wohnung war ja doch ‚sein Körbchen' geworden.

Daß er früher einmal ‚woanders' gewesen war, daran dachte er nicht mehr. Dann und wann allerdings zeigte sich noch: die Wunde, daß er einmal ‚verloren' war, war immer noch in ihm offen. Wir mußten ihn, damals, eine Woche lang täglich in einen Kindergarten schicken. Ich war in Hamburg, und meine Frau kam, um mir bei der Arbeit zu helfen. Den Knilch brachte sie selbstverständlich mit. Aber in dem möblierten Zimmer konnten wir ihn tagsüber nicht bei uns behalten, und auf der Straße wollten wir ihn, wegen des Verkehrs, nicht spielen lassen. Zudem dachten wir, der Kindergarten würde mal seinem Geist ganz nützlich sein. Wir erklärten ihm unsere Gründe, er sah sie auch ein; aber er ging nicht gern. Wir sagten ihm, daß doch im Kindergarten viele andere Kinder seien, mit denen er spielen könne; er nickte, – aber ohne Freude. Wir verstanden das nicht, denn er war ja sonst so dankbar, wenn andere Kinder mit ihm spielten. Erst am Nachmittag, als meine Frau ihn abholte, erfuhren wir den Grund. Er kam still aus dem Kindergarten heraus, sah sich suchend um, freute sich, daß seine Mutti da war, aber ohne Jubel, wie sonst, wenn er sie sah. Meine Frau fragte ihn, warum er denn so still sei. „Ich dachte", sagte er langsam, „– ich dachte, ihr würdet mich gar nicht wieder holen." Aber nachdem meine Frau ihn auch an den nächsten Tagen pünktlich abgeholt hatte, schlief diese Furcht wieder ein; und am Sonnabend, als er früher aus dem Kindergarten kam – woran wir nicht gedacht hatten – ging er allein und unbesorgt dorthin, wo er seine Eltern wußte. Und da waren sie.

Und noch am selben Abend bewies er uns, auf seine

ganz persönliche Weise, wie sehr er sich seiner Eltern sicher fühlte und bedenkenlos auf sie baute.
Da meine Frau am nächsten Tag mit ihm wieder abreiste, wollte er zum Abschied einen ‚Laternenspaziergang' machen. Er hatte sich mit meiner Wirtin gut angefreundet, sie hatte ihm einen Lampion geschenkt, und so gingen sie denn los. „Nur eben mal um den Häuserblock rum!" sagte meine Wirtin. Aber erst nach einer dreiviertel Stunde kamen sie zurück. „Er wollte einfach nicht!" erklärte meine Wirtin. „Er wollte noch weiter Laterne laufen. Da habe ich aber schließlich kehrtgemacht und ihm gesagt: Jetzt müssen wir! Sonst brennt die ganze Kerze herunter, und deine Mutti muß eine neue kaufen, das kostet zuviel!" Och! habe er da gesagt – und mit der Hand beschwichtigend abgewunken –: Laß man kosten! Mein Vati arbeitet!
Natürlich ehrte mich dieses Vertrauen; nur dachte ich: Aufpassen, daß der Sohn das nicht noch in zwanzig Jahren sagt!
Und da wir auch alle behördlichen Prüfungen bestanden hatten, die nötig gewesen waren, um den Knilch adoptieren zu können, taten wir das jetzt. Und also wurde er auch amtlich ‚unser Sohn'.
Und nachdem er es geworden war, dachten wir: So, nun brauchen wir noch ein Schwesterchen für ihn, für uns auch, und das Schwesterchen seinerseits muß uns ebenso brauchen.

ER BEKOMMT EIN SCHWESTERCHEN

Wo *ein* Kind ist, müssen wenigstens *zwei* sein! Das ist eine Logik, wie sie ein Erwachsener wahrscheinlich nicht mehr hat. Aber wir hatten noch mit dem Verstand des Knilchs gedacht: So allein mit zwei Erwachsenen, das ist ziemlich schwierig. Man lebt da zusammen mit zwei Riesen, die doppelt so groß sind wie man selbst: von denen kriegt man sein Essen, seine Backpfeife, wird von ihnen gewaschen und ins Bett gestopft, und kein anderer Zwerg ist mit einem, der dasselbe Schicksal teilt. Niemand ist da, dem man abends im Bett sagen kann: ‚Na, der Alte, der hatte ja heute mal wieder seinen Knall!' Wir fanden, das ist gar nicht leicht.

Daher fragten wir den Knilch, was er davon hielte, wenn er ein Schwesterchen bekäme? Oder ob ein Bruder ihm lieber wäre? Er hielt mehr von dem Schwesterchen. Meine Frau war darüber froh. Sie meinte, zwei von des Knilchs und meiner Sorte seien für eine Frau genug.

Ich vermute, dies ist der Grund, warum auf den Jugendämtern Mädchen mehr gefragt sind als Jungen. Mädchen waren auf den Jugendämtern ‚vergriffen' oder sogar ‚vorbestellt'. Wir mußten ein halbes Jahr warten, bis wir Bescheid bekamen, nun sei für uns ein kleines Mädchen da. Ich war noch in Hamburg und trug mich gerade mit dem Gedanken, einen Radioapparat zu kaufen, als meine Frau schrieb, sie fahre zum Jugendamt, um unsere Tochter zu holen. Sie müsse sich beeilen, sonst sei Erika vergriffen. Das war Erika auch, denn meine Frau kam mit Marianne nach Hause.

Ich erfuhr das durch ein Telegramm: marianne ein jahr alt süß. Das war alles, was ich über meine Tochter erfuhr. Aber natürliche Väter erfahren anfangs ja auch nicht viel über ihre Kinder. Sie bekommen einen Telefonanruf, und dann laufen sie, den Hut in der Hand, durch die Straßen, lachen vor sich hin, und die Leute drehen sich nach ihnen um.

Genauso war es bei mir. Es war ein herrliches Gefühl zu wissen: Da sitzen nun die drei zu Hause und verlassen sich darauf, daß ihr Alter in die Hände spuckt und für sie arbeitet und sorgt!

Ich verzichtete ohne Trauer auf den Radioapparat. Es wäre mir auch nichts anderes übriggeblieben, denn bald kamen wieder Rechnungen. Die Rechnung für den Kinderwagen war besonders hoch. Er war aber auch besonders hübsch: meine Frau schickte mir von ihm ein Photo – mit meiner Tochter darin!

Zuerst sah ich nur den Kinderwagen. Plötzlich fühlte ich mich angesehen! Ich bekam einen Schreck, legte das

Bild auf den Tisch, stand auf und wanderte um den Tisch herum. Bei jeder Runde warf ich einen scheuen Blick auf das Gesicht, das mich so forschend ansah. Das also war meine Tochter! Sie glich einem chinesischen Schiffskoch. Oder so einem fetten japanischen Ringer. Aber meine Frau hatte ja geschrieben: süß! Obwohl sie schon ein Jahr alt war, hatte sie noch kaum Haar. „Das hat sie von Dir“, schrieb meine Frau. Richtig daran war nur, daß ich auch nicht viel Haare habe. Und mein Vater hatte sogar eine totale Glatze. Zum Spaß setzte er bisweilen eine Perücke auf und gab damit uns Kindern eine Vorstellung als wilder Mann. Diese Perücke habe ich geerbt, und dem Knilch hatte ich auch schon damit Vorstellungen gegeben. Aber jetzt erlebte die Perücke eine völlig neuartige Verwendung. Ich kam von Hamburg nach Hause, weil ich meine Tochter kennenlernen wollte. Ich nahm an, meine Familie würde

auf dem Bahnhof stehen und mich empfangen. Aber nur der Knilch war da. „Ja, Vati", sagte er vorwurfsvoll, „Schwesterchen darf doch so spät abends nicht mehr raus!" ‚Trottel', sagte ich zu mir. ‚Überhaupt keine Ahnung! Der Knilch weiß schon viel mehr!'

Mit Herzklopfen stieg ich die Treppe hinauf. Oben stand meine Frau, lächelnd, mit dem Schwesterchen auf dem Arm, – und auf deren Ringerkopf saß die Perücke! „Sonst siehst du doch gar nicht, daß du eine Tochter hast!" erläuterte meine Frau.

Wir sahen uns, Vater und Tochter, prüfend an, und im Zimmer gingen wir umeinander herum und beobachteten uns. Am nächsten Morgen war ich zu ihrem Erstaunen noch da. Als ich am Kaffeetisch saß, umkreiste sie mich: ich durfte sie nicht ansehen, sonst lief sie weg. Lange Zeit stand sie hinter dem Stuhl, auf dem meine Frau saß, und guckte durch das Fenster des Ellenbogenwinkels zu mir herüber. Sowie ich aber aufsah, verschwand sie hurtig hinter dem Rücken meiner Frau.

Das ging zwei Tage so. Als ich dann noch immer nicht wieder weg war, begriff sie wohl, daß ich mit in die Wohnung gehörte, und auf einmal kam sie angepaddelt, lachte mich an, grunzte und umarmte mein Bein. Dann sah sie an mir hoch und schmiegte ihr Gesicht an mein Knie. Meine Frau schluckte vor Rührung: „Na, endlich!", und ich konnte gar nichts sagen. Ich fühlte in meiner Hand nur immerzu diesen kleinen Ringerkopf, der sich furchtlos streicheln ließ.

Der Knilch war glücklich, daß Schwesterchen sich mit Vati angefreundet hatte. „Paß auf, Vati! Was ich Schwesterchen beigebracht habe!“ Er stellte sich in die Mitte des Zimmers und sagte: „Los, Schwesterchen! Tanz mal!“ Grinsend, eifrig und unaufhörlich paddelte sie im Kreise um ihn herum.

Andere Kinder haben mit einem Jahr schon eine Frisur – Schwesterchen konnte schon laufen. Es sah zwar aus, als ob sie wie eine Ente im Wasser paddelte, und wie eine tauchende Ente sah sie aus, wenn sie hingefallen war und wieder hochkam: mit dem Achtersteven voran. Sie machte dabei mit der Schnute: „B-b-b-l-l-h!“ – vor Anstrengung, oder um sich anzuspornen. Der Knilch konnte sich nicht satthören daran und sagte immer wieder: „Nochmal, Schwesterchen! Hörst du, Vati? Schwesterchen spricht auch schon!“

Er war von Anfang an vernarrt in sie. Er hob sie wie eine Siegesbeute hoch und trug sie im Zimmer herum, daß beiden die Luft wegblieb. Schwesterchen besaß zwar eine Ringerfigur; der Knilch aber besaß die Ringernatur! Er wollte zärtlich zu ihr sein; jedoch bei ihrem Gewicht war das zu anstrengend: infolgedessen drückte er mit seiner ganzen noch ungelenkten Kraft die Luft aus ihnen heraus. Dennoch machte es Schwesterchen Spaß. Sie fühlte die Liebe ihres großen Bruders.

Als meine Frau mit ihr kam und dem Knilch bedeutete, daß nun das Schwesterchen ein Bett brauchte, sagte er freilich zuerst: „Wir haben ja Vatis Bett!“ Dann aber sah er sofort ein, daß Schwesterchen aus dem hinausfallen würde, und gab ohne Zögern sein Bett her. Er selbst schlief zunächst in meinem und bekam später sein eigenes großes Bett.

Es war seine größte Tat, daß er das Kinderbett ohne Widerstreben, ja, sogar freudig dem Schwesterchen überließ. Denn er bekam ja nicht gleich wieder sein eigenes Bett. Und das Kinderbett war doch *sein* Bett gewesen! Auch von seinen Spielsachen gab er ihr ab. Erst als sie selber ihre eigenen Spielsachen bekommen hatte, paßte er auf, daß sie ihm nicht noch seine wegnahm. Bei solchen Gelegenheiten gab es auch mal Krach zwischen beiden.

Im großen und ganzen aber vertrugen sie sich wie Brüderchen und Schwesterchen im Märchen. Sie gingen zusammen spazieren, und der Knilch wachte über sie wie ein gelernter Bernhardiner Hund.

Als er zur Schule kam, gab es allerdings Pausen in seiner Treue. Er hatte neue Freunde, und wenn er mit denen in Haufen zusammenstand, war kein Platz mehr für ritterliche Gefühle.

Zu unserer Überraschung machte der Knilch sich in der Schule besser, als wir erwartet hatten.

Er ging gern zur Schule und lernte auch gern. Er war sogar pünktlich und trödelte nicht. Inzwischen hat sich das etwas geändert.
Sein Schulweg führte – seinerzeit, in den ersten Jahren – über einen steilen Berg. Weil ich weiß, wieviel Spaß es macht, im Winter auf dem Heimweg von der Schule zu schliddern, sich zu schneeballen oder Schlitten zu fahren, kaufte ich ihm einen stabilen handgenähten Lederranzen, auf den er sich also – gegebenenfalls – auch setzen und den Berg hinunter rodeln konnte. Es war ein Ranzen, den der Sattler offenbar auf dem Rücken seines Gesellen ausgemessen hatte, denn wenn der Knilch ihn auf dem Rücken hatte, sah man von ihm nur noch Kopf und Beine. Er sah aus wie ein Schrank zu Fuß.
So verschwand er morgens durch die Tür, nachdem er zuletzt seinem Schwesterchen auf Wiedersehen gesagt hatte. Sie, sobald die Tür geschlossen war, stand betroffen da, deutete auf die Tür und sagte traurig: „Paul – fort!" Danach lief sie schnell zu meiner Frau und fand dort, an Muttis Rockzipfel, allen Trost, dessen ihr nun ‚einsames' Herz bedurfte.
Dieser Platz – eng an meine Frau geschmiegt – ist noch heute der, wo allein sie sich geborgen fühlt. Selbst dann, wenn meine Frau zu ihr hat streng sein müssen, sucht sie noch vor der Strenge Schutz in der Geborgenheit von Muttis Nähe. Damals, als kleiner Wicht von sieb-

zig, achtzig Zentimetern, umklammerte sie Muttis Knie, hielt sich fest an es gepreßt, und hier konnte ihr gar nichts passieren.

Meine Frau hatte von Anfang an zu Schwesterchen das unbefangene Gefühl, sie sei ihr eigenes, natürliches Kind. Der Knilch, als er unser Sohn wurde, war schon ein selbständiger kleiner Mensch, der sagen konnte: ‚Ich habe Hunger. Ich bin müde. Hier tut es mir weh.' Das Schwesterchen aber war hilflos. Es konnte nur schreien, wenn ihm etwas fehlte; und es brauchte daher notwendig den, der es sogleich verstand und wußte, was ihm fehlte, und der es ihm gab: die Mutter! Das war meine Frau.

Meine Frau saß am Bett, wenn Schwesterchen Fieber hatte, und hielt ihr beruhigend die Patschhand. Meine Frau legte Schwesterchen trocken, wusch und badete sie, und zog sie an. Sie fütterte Schwesterchen, fuhr mit ihr spazieren und brachte sie zu Bett. Und wenn Schwesterchen aufwachte, stand schon meine Frau da, und gleich streckte Schwesterchen ihr die Hände entgegen. „Mama!" Es war das erste Wort, das Schwesterchen sagte.

Oft haben wir uns gewundert, daß Mütter ihre, wenn auch ‚unerwünschten' Kinder weggeben. Aber: Ist es eigentlich so verwunderlich? Da war der Krieg, da waren die Jahre nach dem Krieg, Besatzungssoldaten waren da und suchten Liebe. Und da war ein junges Mädchen und ein amerikanischer Soldat – vielleicht hat er ihr versprochen, und hat es auch wirklich so gemeint, daß er sie heiraten würde. Aber dann war er fort, sie ist allein geblieben, und auf einmal kam das Kind. Was nun? Sie mußte arbeiten, sie wollte heiraten – aber das Kind war da! Und plötzlich war das Kind ihr im Wege. Und sie war ja auch so jung und hatte noch gar nicht die Reife, Mutter zu sein.

Da, für unser Schwesterchen, kam meine Frau und war glücklich, daß sie die Mutter sein durfte. Schwesterchen wurde *ihr* Kind. Aber es ‚gehörte' ihr, es gehörte uns noch nicht!

Diese Angst, die wir damals gehabt haben, bis zur Adoption! Bis auch Schwesterchens ‚Fall' schwarz auf weiß klar war! Ich glaube, wir würden uns mit einem Knüppel vor die Tür gestellt haben, wenn jemand gekommen wäre, sie uns wieder zu nehmen.

Und Schwesterchen selbst?

Als sie ein halbes Jahr bei uns war, mußten wir zwei Tage verreisen. Wir konnten die Kinder nicht mitnehmen. Für den Knilch fanden wir Quartier bei den Eltern eines Mitschülers; beide Jungen fanden das ‚prima'. Schwesterchen aber mußten wir zu Hause lassen und Mitbewohnern anvertrauen. Ein zehnjähriges Mädchen, das sich auch sonst rührend um sie kümmerte, nahm sich ihrer an; unter Oberaufsicht der Mutter. Obwohl somit beide unsere Knilche gut behütet waren,

sorgten wir uns doch: Wird auch nichts passieren? Wir kamen schleunigst von unserer Reise zurück. Die Wohnung war leer. Nun gut, der Knilch war bei seinem Schulfreund. Aber wo war Schwesterchen?
Wir sahen aus dem Fenster: Schwesterchen ging an der Hand der zehnjährigen Freundin im Garten spazieren. Wir riefen die Freundin; Schwesterchen hörte uns nicht. Dann kamen beide die Treppe herauf. Wir hörten Schwesterchens aufbumsenden Schritt. Jetzt ging die Tür auf, und sie voran kam herein. Wir saßen jeder auf unserem Stuhl am Tisch und taten, als wären wir nie fortgewesen. Schwesterchen blieb stehen und sah zuerst meine Frau starr an, dann mich; dann wieder meine Frau. Und auf einmal verklärte sich ihr Gesicht: sie lief auf meine Frau zu, umarmte Muttis Knie, schmiegte sich an Muttis Rock und lächelte still versunken. Ohne ein Wort. Ohne einen Ton.
Es war schöner bei uns geworden. Das wurde uns in diesem Augenblick bewußt.

Ich, als Schwesterchens ‚Vati', mußte noch einige Jahre warten, bis sie auch mir ihre Anhänglichkeit bewies. Es war bei einem Ausflug zum Nord-Ostsee-Kanal. Da sahen die Knilche zum erstenmal eine große Autofähre und wollten natürlich mit hinüberfahren zum anderen Ufer und wieder zurück. Ich blieb bei unserem Gepäck. Als die Fähre abstieß, winkten meine Frau und die

Kinder mir zu. Kaum aber wurde Schwesterchen gewahr, daß zwischen sie und mich sich eine Wasserfläche schob: daß jenseits der Wasserfläche ich zurückblieb und daß diesseits sie sich weiter und weiter entfernte, da schrie und weinte sie: „Ich will zu Vati! Ich will zu meinem Vati!"

Wenngleich Schwesterchen in ihrer Angst mir leid tat – ich gestehe, ich war stolz! Das ist der Lohn, sagte ich mir, daß ich mich um sie auch verdient gemacht habe!

Ich war ja – seitdem sie bei uns war – zu Hause völlig Nulpe geworden. Als ich von Hamburg zurückgekommen war und Schwesterchen mit der Perücke von oben auf mich herabsah, besaß ich, ohne daß ich es wußte, schon kein Arbeitszimmer mehr: meine Frau hatte sich darin ihre Küche eingerichtet. Für mich, so behauptete sie, genüge ein Tisch. Immerhin bewilligte sie mir auf meinen Wunsch noch einen Stuhl.

Der Tisch stand bereits im Schlafzimmer; er war da zwischen die Betten eingeklemmt worden. Meine Frau erklärte: „Ja, sieh, so hast du endlich die romantische Arbeitsnische, die du dir gewünscht hast! Da kannst du dich nun viel besser besinnen als in deinem Zimmer, – zumal ich da jetzt koche."

Also saß ich in dem romantischen Winkel, durfte nicht rauchen, durfte nicht – wenn Schwesterchen ihren Mittagsschlaf hielt – mich rühren, mußte früh zu Bett gehen und früh aufstehen. Lauter Strapazen; aber mich ihnen entziehen gab es nicht. Und wollte ich mich mal kurz erholen und kam aus meinem Käfig heraus, empfing mich im Wohnzimmer – das Spielzimmer geworden war! – meine Frau: „Ach, fein, da kannst du gleich mal den Laufstall festschrauben! Schwesterchen fährt mir ständig zwischen den Beinen herum. Schrauben habe ich dir schon hingelegt. Das tut dir außerdem ganz gut, wenn du mal eine Pause machst! Immerzu eingeklemmt am Schreibtisch – davon wirst du ganz krumm!" Nun, beim Schraubeneinziehen in den Fußboden wird man auch nicht gerade gerade.

Den Laufstall mußte ich wieder abschrauben, als Schwesterchen anfing, über das Gitter zu klettern. Als sie anfing, Türen zu öffnen, mußte ich eine Sicherheitspforte zwischen Tür und Treppe zimmern, damit sie nicht hinunterfiel. Da sie durch das Treppengeländer kletterte, mußte ich zwischen die Geländerpfosten Drähte spannen. Weil sie in die Küche kam und bei der Aufwäsche mithalf, indem sie das benutzte Geschirr kaputt warf, mußte ich eine Schranke in die Türöffnung bauen, so hoch, daß Schwesterchen nicht herüber kam, daß aber wir – wenn wir nicht an die Schranke dachten – darüber längelang in die Küche fielen oder, noch schlimmer, ins Zimmer, denn da wurden wir mit zornigem Geplärr empfangen wegen irgendeines Spielzeugs, das wir plattgedrückt hatten. So oft ich von meinem Tisch

im Winkel aufstand, um mich zu erholen, immer war etwas los!
Ruhe hatte ich gar nicht mehr, und ich dachte oft an meinen Kriegskameraden, der mit der Thermosflasche auf den Boden stieg, wo er seinen Schreibtisch hatte. Aber bei uns im Hause war kein Boden. Das, was einmal Boden gewesen war, war unsere Wohnung: in der Mitte ein Zimmer, zu beiden Seiten je ein Verschlag, nur daß die Lattenwände durch gemauerte Wände ersetzt worden waren. In diese Drei-Zimmer-Wohnung waren meine Frau und ich als ‚Totalgeschädigte' nach dem Krieg eingewiesen worden. Für uns beide allein war die Wohnung groß genug gewesen, wenn wir uns in den Kammern auch bücken mußten, weil wir sonst mit dem Kopf unters Dach stießen.
Jetzt aber waren wir vier – denn Schwesterchen wurde immer massiver und war keine halbe Portion mehr – und für vier war die Wohnung etwas knapp, um so knapper, als ich – von Beruf sogenannter Geistesarbeiter – meine Werkstatt auch noch darin hatte.
Ich mußte also eine andere Wohnung beschaffen. Das war nicht leicht; denn kaufen konnte ich keine, und unsere Bodenräume waren kein Tauschobjekt.
Da hörte ich von einer leerstehenden großen Wohnung im ersten Stock eines Hauses, das ganz allein tief in einem Kiefernwalde lag. Nach dem Kriege hatten Flüchtlinge dort gewohnt; sie waren längst wieder in

eine Stadt gezogen. Seither stand die Wohnung leer. Niemand mehr wollte jetzt noch in ein so abgelegenes Haus ziehen – drei Kilometer vom Bahnhof und vier Kilometer vom Dorf entfernt. „Da kommt man ja gar nicht mehr ins Kino! Und wenn man ein Glas Bier getrunken hat oder zwei, wie soll man dann nach Hause finden?"

Das war wohl richtig; aber: wichtig war es eigentlich nicht. Und weil ich diese Bedenken nicht hatte, mietete ich die Wohnung.

Der Knilch war acht Jahre alt und das Schwesterchen drei, da stiegen sie mit meiner Frau und mir, ihren Eltern, auf den Möbelwagen, und unser erstes gemeinsames Unternehmen als Familie begann.

NUN SIND SIE EINE FAMILIE

Der Möbelwagen, mit dem wir umzogen, hatte hinter dem Fahrersitz eine eingebaute Kabine. Darin saßen meine Frau und die Kinder. Ich, als Lotse, saß vor dem Kabinenfenster, neben dem Fahrer und den Möbelpackern.

Während der Fahrt sah ich mich dann und wann um, ob hinter mir alles gesund sei. Die Kabine glich einem Kasperletheater! Bis auf das Rückenpolster des Fahrersitzes hingen die Knilche wie Kasperlefiguren aus der Kabine heraus und machten Faxen. Sie waren albern vor Glück: über die Fahrt, über den Umzug und über das neue Leben, das ja mit der Fahrt schon begonnen hatte. Meine Frau, wie der Puppenspieler, blickte aus dem Hintergrund zwischen den beiden hindurch und nickte mir ermunternd zu. Das machte mir klar: der Direktor des Unternehmens war ich! Ich war gekommen, hatte von der Wohnung erzählt, hatte das Kasperletheater auf den Wagen verladen – und ohne Widerspruch, ja, freudig hatte es sich verladen lassen, im blinden Vertrauen darauf: Wo Vati uns hinbringt, da ist es richtig! Na, hoffentlich! Wir mußten nur erst mal heil da sein. Ich hatte dem Fahrer verschwiegen, daß drei Kilometer vor unserem Ziel die Straße aufhörte: daß da ein Feldweg begann. Und was für einer! Jetzt wurde mir plötzlich angst: Wie, wenn wir heute abend noch nicht in unserem neuen Zuhause sein würden? Wenn die Möbel ausgeladen auf einer Wiese stünden,

weil der Fahrer sich geweigert hätte, den Feldweg zu fahren?

Vorsorglich fragte ich ihn daher, ob er im Kriege auch Lastwagenfahrer gewesen sei? Er nickte. In Rußland? Er nickte wieder und grinste breit. „Nun, dann wissen

Sie ja, was Schlamm ist. Die letzten drei Kilometer sind nämlich etwas morastig."

Es war gut, daß ich auf diese versteckte Weise an seine Ehre als Rußlandfahrer appelliert hatte, er hätte die Rutsch- und Schaukelfahrt sonst sicherlich nicht gewagt: wir glichen, als wir auf den drei Kilometern unterwegs waren, tatsächlich einem in hohen Wellen rollenden Schiff, bei schwerstem Seegang.

Dann aber waren wir im Hafen!

„Na, wissen Sie!" sagte der Fahrer und schüttelte den Kopf. „Und Sie – hier wollen Sie bleiben? Hier holt Sie doch nie wieder einer weg! Kein Mensch kommt doch hierher!"

Ich nickte. „Deswegen ja!"

In der Stadt war ich auch schon gewarnt worden. „Sind Sie unklug? In einen Wald, vier Kilometer vom Dorf! Wie soll denn Ihre Frau da einkaufen?" – „Wir haben Fahrräder." – „Ja, und die Kinder? Wie soll der Junge zur Schule kommen?" – „Zu Fuß. Sowie er radfahren kann, fährt er mit dem Rade." – „Aber im Winter!" – „Wenn der Schnee zu hoch liegt, muß er wieder zu Fuß gehen." – „Der arme Kerl! Den weiten Weg! Und es ist doch auch dunkel im Winter!" – „Nicht, wenn Schnee liegt. Und wenn kein Schnee liegt, fährt er ja mit dem Rade, und am Rad hat er eine Lampe." – „Aber ganz allein durch den Wald! Hat er denn da nicht Angst?" – „Das wird sich herausstellen." – „Ja, und Sie und Ihre Frau? Haben denn Sie beide nicht Angst, daß dem Jungen unterwegs etwas zustoßen könnte?"

Ich habe darauf geantwortet: Gehen die Kinder in der Stadt denn nicht auch allein in die Schule? Und sind denn in der Stadt die Gefahren nicht weitaus größer? Die Kinder müssen Straßen überqueren, von beiden Seiten kommen Autos, Straßenbahnen, Motorräder, Radfahrer – und alle haben es eilig, gerade in den Morgenstunden. Und wenn die Kinder mit der Straßenbahn fahren oder mit einem Autobus: meistens müssen sie stehen, werden beiseite gedrängt oder eingequetscht. Ist es da nicht viel schöner und besser für ein Kind, wenn es morgens durch einen Wald zur Schule geht?

Wir haben so angefangen, wie ich es ausgedacht hatte. Der Knilch bekam ein Kinderfahrrad und lernte auf den Waldwegen radfahren. Er fuhr gleich selbständig ab. Nur Kurven gelangen ihm nicht. Seine Versuche endeten zwischen den Bäumen oder mit einem Rammstoß gegen einen Baum. Da der Feldweg einige Kurven hat und neben einem Graben herführt, mußte er also, bis er ‚den Bogen raus' hatte, zu Fuß zur Schule gehen.

„Aber eine Stunde! Er ist doch noch ein Kind!"

Auch das wurde mir vorgehalten. Warum eigentlich? Brauchen manche Kinder in der Stadt nicht auch eine Stunde für ihren Schulweg?

Als *ich* in der Stadt zur Schule ging, hatte ich einen

Weg von einer halben Stunde. Der Schulweg meines Bruders dauerte sogar eine Dreiviertelstunde, obwohl er mit der Straßenbahn fuhr. Und mein Freund, nachdem seine Eltern vor die Stadt gezogen waren, mußte um halb sieben aus dem Hause, ging eine halbe Stunde durch den Wald und fuhr eine dreiviertel Stunde mit dem Zuge. Er ist noch heute der kräftigste von uns dreien. Und geistig gelitten hat er damals auch nicht, wenngleich er auf seinem Schulweg nicht an Kinos vorbeikam und sich die Bilder ansehen konnte.

Der Knilch sieht auf seinem Schulweg fast jeden Morgen Rehe. „Vati, heute morgen bei der Wiese, da, wo der Wald aufhört, weißt du, wo wir mit Mutti Himbeeren pflücken, genau da standen heute wieder zwei Rehe!“

Einmal hatte er auch zwei Wildschweine gesehen. „Da bin ich aber gelaufen! Die sind aber gar nicht hinter mir her gekommen. Was soll ich denn da machen, wenn die mal hinter mir her kommen?“ Ich habe ihn lernen lassen, schnell an einem Baum hochzuklettern, auch an einem glatten Stamm. Aber ich bin überzeugt, ein Wildschwein, das mal Richtung auf ihn nimmt, ist viel seltener als in der Stadt ein Auto, das Richtung auf ein Kind hat.

Wahrhaft ‚Angst‘ hat der Knilch auf seinem Schulweg eigentlich nie gehabt. Einzig im ersten Herbst, da ist ihm mal ein bißchen bange gewesen. Er hatte wöchentlich einmal auch noch nachmittags Schule, blieb über Mittag im Dorf, ging ins Gasthaus und aß ein Würstchen. Wegen des Würstchens war ihm der Nachmittagsunterricht durchaus recht. Aber daß er gegen Abend allein durch den dunklen Wald fahren sollte, gefiel ihm nicht. Meine Frau oder ich fuhren ihm daher bis zum Bahnhof entgegen, dann nur noch bis zu den Himbeersträuchern am Waldrand, und dann auf einmal gar nicht. Da kam er allein an und war sehr stolz: „Ich habe gar keine Angst gehabt! Jetzt braucht ihr mir nie mehr entgegenzukommen!" Er ist dann auch den ganzen Winter allein gefahren – oder gegangen. Je nachdem.

Bei Neuschnee oder wenn der Schnee zu hoch lag, mußte er selbstverständlich gehen. „Geh aber auf dem Trampelpfad!" rief meine Frau ihm jeden Morgen nach. „Ja-a!" rief er aus der Dunkelheit zurück. Aber nachher an seinen Spuren sahen wir, daß er durch die höchsten Schneewehen gewatet war, auch quer über die Wiesen. „Ich habe doch die Hasenspuren verfolgt!" erklärte er. „Und, Vati, Wildschweine waren auch wieder da! Ich habe sie aber nicht gesehen. Bloß, die haben den Schnee weggewühlt, weißt du. Sicherlich wollten sie Gras fressen. Werden die davon satt?"

Wie sicher er sich von Anfang an auf seinem Schulweg fühlte, bewies er auch damit: Einmal warf er seinen Ranzen einfach auf den Weg und ließ ihn dort liegen.

Er hatte auf der Heimfahrt gemerkt, daß er in der Nähe des Bahnhofs, wo er einen Lattenzaun entlang balanciert war, seine Turnschuhe liegengelassen hatte. Aus Bequemlichkeit fuhr er ohne Ranzen zurück. Aber die Turnschuhe waren schon weg. Bekümmert kehrte er wieder um und wollte seinen Ranzen vom Weg aufheben. Da war der auch weg. Ehrliche Finder hatten Ranzen und Turnschuhe bereits an sich genommen. Am nächsten Tage bekamen wir beides wieder. Dem Knilch aber leuchtete nicht ein, daß sie ‚gefunden' worden seien. „Ich hatte sie doch da hingelegt! Die kann doch keiner da einfach wegnehmen!"

Ich weiß es nicht, aber ich glaube, als Schüler in der Stadt wäre er auf diesem Gebiete schon nicht mehr so sorglos gewesen.

Hier hat er nie das Gefühl, daß ihm etwas passieren könnte. Jedenfalls nicht unterwegs. Erst, wenn er fröhlich pfeifend sich dem Hause nähert und ihm bei dessen Anblick einfällt, daß er etwas ausgefressen hat, dann freilich bekommt er das Gefühl, daß ihm, sogar gleich, ‚etwas passiert'.

„Vati, dürfen wir beide eben mal in dein Zimmer gehen? Ich möchte dir etwas sagen. – Ich habe heute, weiß du, ..."

Er ‚hat' beinahe täglich etwas. Und nur in den wenigsten Fällen hat er den Mut zum Geständnis. Erst seine Ausflüchte, seine ‚Feigheit', empfindet meine Frau

aber als wirklich schlimm. Schlimmer als das Vergehen! Mich empört seine schlappe Haltung, und ich möchte ihn am liebsten auswringen. Doch mit Auswringen allein kriegt man seine Untugenden auch nicht aus ihm heraus. Möglicherweise wringt man sie sogar fester ein. Am beängstigendsten ist seine Wildheit. Noch jetzt, mit elf Jahren, weiß er von seinem eigenen Verstand kaum, daß er ihn besitzt. Es ist, als habe der liebe Gott übersehen, ihm für seinen Verstand eine Gebrauchsanweisung mitzugeben. Denn, was er tut, wenn er sich allein überlassen ist, tut er nach wie vor triebhaft. Auf mich macht er bei seinen ‚Touren' den Eindruck, als sei er aus der Urzeit übriggeblieben und habe sich, unbemerkt von Noah, heil durch die Sintflut gebracht. Auch Freunde, Bekannte oder Fremde, die Zeugen solcher Touren gewesen sind, sagen kopfschüttelnd: „Wirklich! So was haben wir noch nicht erlebt!"
Diese ‚Touren' sind wie Vulkanausbrüche. *Was* während ihrer Dauer der Knilch tut, tun andere Jungen auch. Aber *wie* er es tut! Er scheint dann von einer wilden Naturkraft ganz und gar übermannt zu sein, so daß er nur noch ihr Werkzeug ist. Beispielsweise: Er gräbt seinen kleinen Garten um, weil er Radieschen säen will; eine durchaus friedliche Beschäftigung. Aber plötzlich faßt er den Spaten mit beiden Händen am Griff, dreht sich im Kreise und wirbelt den Spaten wie eine Karussellsense mit sich herum. Sein Gesicht wird

dabei rot, seine Augen flammen, und sein Mund stößt Laute aus, wie man sie in Europa sonst nur noch in Zoologischen Gärten hört, und zwar in den Raubtierhäusern. Wenn er mit seiner Leistung fertig ist, ist er zwar völlig aus der Puste, aber ‚selig vor Glück'.

Eine andere ‚Tour' ist: zerstören, vernichten. Fast alle Jungen tun das gern. Aber diese wilde Freude und besonders diese Gründlichkeit – an der es ihm sonst fehlt – mit denen der Knilch das besorgt! Eine kleine Waldhütte aus Tannenzweigen – die ein anderer Junge gebaut und dem Knilch vermacht hatte – zerstörte er in wenigen Minuten vollständig. Anlaß war: das Dach hatte nicht gehalten, als er darauf steigen wollte. Aber nicht aus *Wut* darüber zerstörte er nun die ganze Hütte, sondern: das Einbrechen des Daches war für ihn ein *freudiges* Signal, nämlich das Signal: Jetzt aber los! Jetzt wird die ganze Bude kaputtgemacht!

Ich habe mir sein ‚Werk' nachher angesehen – und war tieftraurig. Nichts, aber auch nichts von der Hütte war stehengeblieben. Sogar die Seitenwände, deren Zweige mit Draht fest aneinandergebunden gewesen waren, waren auseinandergerissen. Nur einer, der mit Lust bei der Arbeit gewesen war, hatte das so gründlich tun können. Und dieser lustvolle Mann war der Knilch gewesen. Unser Knilch!

Ich habe ihn die Hütte wieder aufbauen lassen. Es hat Monate gedauert; denn zum Aufbauen hatte er keine

Lust. Auf einmal aber kam sie, als er sah: die Trümmer wurden weniger, und seine eigenen Hände waren imstande, eine neue Bude zu bauen. Da dauerte es nur noch einen Tag, und die Hütte stand wieder. Dennoch: mehr Freude als an dem vollendeten Wiederaufbau hatte er an der vollendeten Zerstörung gehabt. Wiederaufbauen dauert ja länger.

„Also“, sagte eine Frau, die ihn oft beobachtet hatte, „ich würde den Bengel ja in ein Internat stecken! Da werden sie ihn schon kleinkriegen!“

Es war die gleiche Rede, die wir schon an unserem alten Wohnort gehört hatten.

„Sie müssen mich nicht falsch verstehen“, sagte die Frau. „Der Junge ist zu anstrengend. Sie machen sich kaputt. Wenn er Ihr eigenes Kind wäre, – na, schön; da hätten Sie die Pflicht. Aber was können *Sie* dazu, daß er so wild ist!“

Wir mußten den Knilch zur Kräftigung seiner Gesundheit damals nach Borkum schicken. Er ist ein ‚Drüsenkind‘. Er blieb sechs Wochen auf Borkum. Jede Woche schrieb er uns eine Karte. „Wie geht es euch? Mir geht es gut. Ich habe schon einen Seehund gesehen.“ Es kam aber auch eine Karte: „Wie geht es euch? Mir geht es gut. Ich habe jetzt oft Heimweh und weine dann immer. Warum mußte ich bloß hierher?“

Und diesen Jungen sollten wir, nur zu unserer Bequemlichkeit, ‚in ein Internat stecken‘? Hatten wir ihn denn

adoptiert, um ihn 'weiterzugeben'? Wir waren nur noch neugierig, ob er sich seines Zuhause sicher gewesen wäre. Etwa in dieser Weise: ‚Na, Mensch, klar! Wenn ich wiederkomme, ist alles so für mich da, wie ich es verlassen habe! Da ist doch mein Platz, Zuhause; und wenn der leer ist, dann fehle da ich!'
Er kam wie einer, der von einer Weltreise zurückkommt und der genau weiß, daß er erwartet und mit Jubel empfangen wird. Meiner Frau hatte er einen Seestern mitgebracht – „Du mußt aber aufpassen, Mutti; der stinkt noch!" – seinem Schwesterchen einen kleinen roten Rettungsring, mir eine Muschel. „Halt mal dein Ohr dran, Vati! Hörst du, wie die rauscht? Du mußt *auch* mal an die See fahren! So rauscht das da nämlich."
Als wir ihn fragten, wie es ihm denn in dem Heim auf Borkum gefallen habe, sagte er: „Och, ganz gut. Aber nochmal gehe ich da nicht hin!"
Nach dieser ‚Heimkehr zu uns' wollten wir ihm sagen, wir seien gar nicht seine richtigen Eltern. Wir hielten den Zeitpunkt für günstig. Eine Kinderpsychologin hatte uns geraten, ihn möglichst früh an die Tatsache zu gewöhnen. Später werde eine ‚Aufklärung' ihm womöglich einen Schock geben. Und vielleicht rühre seine Unrast – das Sprunghafte in ihm, seine Wildheit, seine ‚Touren' – überhaupt aus dem Gefühl einer Unsicherheit: daß er, unbewußt, immer noch befürchte, wieder ‚woanders' hingetan zu werden. Das konnte er

jetzt aber nicht mehr befürchten. Darum wagten wir unser Geständnis.
Meine Frau nahm ihn auf einen Spaziergang mit. Würde er, wenn er zurückkam, noch ‚Vati' zu mir sagen?
Er kam gar nicht zurück! Er war draußen geblieben und spielte! Meine Frau kam allein. Seine Antwort sei gewesen: „So? Dann stimmt es ja doch, was die Kinder auf dem Hof, Ulrike und die, was die mir früher schon erzählt haben. Und von Schwesterchen auch! Aber, Mutti, auf Borkum, da war ein Kasperletheater, da gaben sie jeden Nachmittag eine Vorstellung; *das* war schön! Und der Kasper, der hatte eine Schwiegermutter, die war vielleicht böse!"
Es hatte ihn demnach gar nicht wesentlich beeindruckt, daß wir seine Eltern nicht waren, und auch nicht Schwesterchens Eltern. Er fragte auch nicht, wo denn seine richtigen Eltern wären und warum er nicht bei ihnen wäre oder ob sie schon tot wären, – nichts, gar nichts. Später, im Gespräch, haben wir die Tatsache, daß er und Schwesterchen nicht unsere eigenen Kinder sind, absichtlich noch einmal gestreift – weil wir dachten, vielleicht habe er meine Frau nicht richtig verstanden – aber auch dann hat ihn dieser Umstand nicht im mindesten beeindruckt. Er weiß einfach nichts damit anzufangen. Denn er und Schwesterchen haben ja ihre Eltern: meine Frau und mich, ihre Mutti und ihren

Vati! Und es wird nun später, sobald er ‚bei Verstand' ist, hoffentlich kein Schock mehr für ihn sein, wenn er dann begreift, was die Tatsache bedeutet, die ihm jetzt offenbar gleichgültig ist.

Und da sie ihm gleichgültig ist, müssen seine Unrast, seine Wildheit und auch seine Zerfahrenheit einen anderen Grund haben als Unsicherheit. Aber welchen?

Wir waren mit ihm in dem Ort, woher er zu uns gekommen ist. Er hat einen sogenannten Unterbiß, also ein Nußknackerkinn. Mir wäre es nur recht, er würde das Nußknackerkinn behalten; denn es würde ihm später im Leben nützlich sein. Man würde von ihm denken: ‚Vorsicht, der haut gleich zu!' – und das finde ich gut. Aber leider sagt der Zahnarzt, der Unterbiß müsse weg. Wir sollten uns deshalb erkundigen, ob der Knilch das Kinn womöglich geerbt habe. Da das Jugendamt nichts darüber wußte, suchten wir die Schwester auf, von der wir den Knilch übernommen hatten. Als wir mit ihm durch den Ort gingen, fragten wir ihn, ob er sich erinnere, daß er hier schon einmal gewesen sei. – „Hier? Ich? Was soll ich denn hier gemacht haben?" – „Aber hier hast du doch die Wurst von dem Mann bekommen!" – „Von welchem Mann? Wurst?"

Es war alles in ihm ausgelöscht.

Die Schwester erkannte ihn und uns wieder. „Ja, das ist ja der Paul! Ja, Junge, du siehst ja ganz anders aus!"

Der Knilch wurde verlegen. „Kennst du die Schwester nicht?" fragte meine Frau. Er schüttelte den Kopf.
Als wir mit der Schwester allein waren, sagte sie: „Sie hätten ihn sehen sollen, wie er hier war! Von morgens bis abends auf der Straße! Im Kindergarten konnten sie ihn nicht halten; er riß ihnen aus. Und sie waren wohl auch froh, wenn er weg war. Niemand hat sich ja richtig um ihn gekümmert. Und wo er in Pflege war, da steckten sie doch nur die fünfundzwanzig Mark Pflegegeld monatlich für ihn ein; dazu hatten sie ihn ja genommen. Bis das Jugendamt ein Ende machte und ihn da wieder wegnahm. Aber erst, als Sie kamen. So lange war es schlimm mit ihm!"
Über sein Kinn konnte sie uns nichts sagen, und auch niemand sonst im Ort wußte etwas darüber. Sie alle wußten nur, daß er sich den ganzen Tag allein auf der Straße herumgetrieben habe.
Auf der Rückfahrt fragte er uns: „Hat die Schwester mich wirklich gekannt, als ich klein war?" Meine Frau nickte.
„Was hat sie denn über mich erzählt?"
„Ach", sagte meine Frau, „daß du früher auch schon ein lieber Kerl warst; – nur sehr viel allein."
Er grinste selbstzufrieden: „Und darum hat das keiner gemerkt, was?"
Ich weiß es nicht sicher, aber ich glaube: alle ‚Unordnung' in ihm rührt allein daher, daß er in seinen ersten

Lebensjahren keine Ordnung gehabt hat, daß er – gerade in den Jahren, als das getan werden mußte – nicht ‚sortiert' worden ist.
Am besten und auch richtig ist wohl, man läßt den Motor, der ihn treibt, laufen, rätselt nicht viel an ihm herum oder hinein, setzt sich bloß fest an die Bremse und versucht zu steuern.

Wenn man den Knilch fragt, was er werden will, antwortet er: „Pfarrer!" ‚Pfarrer spielen' ist sein liebstes

Spiel, das einzige, von dem er nie davonläuft. Vielleicht spielt er es deswegen so gern, weil ‚Pfarrer' ein ‚ordentlicher' Beruf ist. Man sieht das ja in der Kirche: Bei dem stimmt alles. Und vielleicht darum nimmt der Knilch das Spiel so genau.
Er baut auf einer Kommode den Altar auf: mit Bauklötzen als ‚Kerzen', Tüchern, Bechern und Büchern, bindet sich eine Schürze auf den Rücken und stellt einen Stuhl vor den Altar. Auf den muß sich Schwesterchen setzen. Sie ist seine Gemeinde. Wehe ihr, wenn sie sein Spiel nicht ernst nimmt! Dann wird er tätlich. Wir haben das erlebt.
Wir hatten einen gleichaltrigen Jungen aus der Stadt zu Besuch. Als der Knilch wieder ‚Pfarrer' spielte, mußte der Junge selbstverständlich auch Gemeinde sein. Der Knilch war ganz in seinem Spiel, murmelte feierlich vor sich hin, drehte sich seiner Gemeinde zu, hob die Hände und sagte: „Dominus wo bist du!" Da platzte der Junge vor Lachen. Den Knilch packte die Wut, er holte aus und gab dem Missetäter, der sich zur Flucht gewandt hatte, einen Fußtritt in den Hintern.
Ich war mir im Zweifel, ob sein heiliger Zorn auch den Fußtritt heiligte, und hielt es darum mehr für angebracht, ihm zu sagen: treten sei übel. Und wenn er noch mal irgend jemanden trete, würde dafür ich ihm einen Stock auf seinen Po pfeffern.
„Was denn für einen Stock?" fragte er interessiert.

„Den besorge ich mir dann!"
„Pfeffern?" fragte er noch.
Schwesterchen hörte diesem Gespräch aufmerksam zu. Ein paar Tage später kam sie heulend zu mir: „Brüderchen hat mir getreten!" Dann lief sie eilig weg: in den Wald. Ich rief ihr nach: „Wohin läufst du denn?" Sie blieb stehen, sah sich nach mir um – sie heulte nicht mehr – und rief eifrig: „Stöckchen holen!"
Derartige Tätlichkeiten, zwar mit weniger rauhen Mitteln, aber auch von dem ‚kleinen Schwesterchen' ausgeübt, kommen immer wieder vor, mindern jedoch nie länger als ein paar Minuten die Liebe zwischen den beiden.
Als der Knilch Blinddarmentzündung hatte, mußte er in der Nacht ins Krankenhaus gebracht werden. Er wurde sofort operiert. Am Morgen wachte Schwesterchen auf und sah: Brüderchen war verschwunden! Sie jammerte: „Brüderchen! Wo ist Brüderchen?" Dreimal während der zwölf Tage, die er im Krankenhaus lag, besuchte sie ihn zusammen mit meiner Frau. Er zeigte ihr stolz seinen Verband, und sie bewunderte beide hochachtungsvoll, mehr wohl noch den Knilch, weil er sich den Verband hatte leisten können. Als wir ihn nach Hause holten, gab es aus Wiedersehensfreude schon in der Bahn Quetschumarmungen, – und zu Hause immer noch, so daß wir, weil wir allmählich um die Wunde fürchteten, die ‚Ringer' trennen mußten.

Sie sind, seit dem Tage, an dem sie es geworden sind, Geschwister mit allen Freuden und Leiden dieser Bindung. Sie spielen einträchtig, sie zanken sich, sie hauen sich, und wenn meine Frau kommt und fragt, was denn schon wieder los sei, gucken sie verständnislos, denn längst schon spielen sie wieder einträchtig und finden die Störung nur lästig. Natürlich verpetzt auch mal der eine den anderen – „Paul hat..." – „Das ist nicht wahr! Ich habe gar nicht!" – „Hast du wohl!" – „Du hast!" – aber während meine Frau und ich uns noch über die Petzerei ärgern, haben sie sich schon wieder vertragen und sind bei einer neuen gemeinsamen Unternehmung. Neben dem Hause haben sie einen Sandkasten; ein paar Schritte vom Hause entfernt, im Walde, haben sie zwischen zwei Tannen eine Schaukel, Ringe und ein Trapez; zur Zeit der Schneeschmelze bauen sie in einem der Entwässerungsgräben aus Steinen und Moos einen Wasserfall; für den Sommer habe ich ihnen eine ‚Klappermühle' gebaut, die wir in den Graben stellen. Drei Minuten vom Hause entfernt fließt durch einen langgestreckten Wiesengrund ‚unser Flüßchen': wenn es im Winter über die Ufer tritt und die Wiesen überschwemmt, haben sie eine weite Eisfläche, auf der sie Schlittschuh laufen und schliddern; im Frühjahr, sobald es anfängt zu tauen, lassen wir Eisschollen treiben, und die Knilche geben ihnen Grüße mit ans Meer und an Borkum. Auf der Veranda haben wir ein Vogelhäuschen; dort geben sie im Winter einem Blaumeisenpärchen Futter und sehen durchs Fenster zu, wie das Vogelehepaar pickt. Als einmal sehr lange Schnee lag und wochenlang strenge Kälte herrschte, kamen täglich in der Abenddämmerung vier Rehe in unseren Gemüsegarten; ein Bock, eine Ricke und zwei Schmalrehe. Zehn, zwölf Schritte vom Haus entfernt, fraßen sie ungestört nach und nach unseren Grünkohl auf. Wir standen jeden Abend am Fenster und sahen ihnen zu: die eine Waldfamilie der anderen; und wie Gastgeber freuten wir uns, daß wir unseren Gästen etwas zu essen geben konnten, das ihnen schmeckte, und verzichteten für uns selbst gern auf den Grünkohl. Schon, wenn die Rehe noch da waren, wollten drei Hasen sich hinzugesellen; aber der Bock trieb sie zurück. Die Hasen warteten zwischen den Bäumen, bis die Rehe gemächlich davonzogen; dann hoppelten sie eilig in die Grünkohlbeete und knabberten die stehengelassenen Strünke auf. „Bestimmt", flüsterte Schwesterchen, „sind das die Osterhasen! Der große da, das ist meiner!" Der Knilch, obwohl er selbst leider nicht mehr an den Osterhasen glaubt, hat diese Freude seinem Schwesterchen bisher nicht verdorben. Sie bauen beide in der Osterzeit Nester aus Moos, damit der Osterhase weiß, wohin er seine Eier zu legen hat, – und folglich den Knilchen erspart, den ganzen Wald abzusuchen. Im Sommer, in der heißen Nachmittags-

sonne – wenn die Mücken es vorziehen, im schattigen Walde zu bleiben – gehen wir in unserem Flüßchen baden, und die Knilche beobachten die jungen Neunaugen: wie sie sich an den Kieselsteinen festbeißen und sich so gegen die Strömung halten. Versuche des Knilchs, ein Neunauge zu fangen, scheiterten selbstverständlich: „Mutti, jetzt habe ich aber eins! – beinahe gehabt."
Sie suchen mit meiner Frau Pilze und pflücken Heidelbeeren, Himbeeren und Brombeeren. Der Knilch ist dabei ziemlich faul. Ihm gefallen die Beeren erst als Gelee. Schwesterchen hingegen, gemäß ihrer weiblichen Natur, ist unaufhaltsam emsig. Am tüchtigsten ist sie beim Pilzesuchen: schon von weitem erkennt sie, ob ein Pilz ‚echt' ist oder ‚falsch'. Nur auf Bitterpilze fällt auch sie noch manchmal herein: „Oh, ein Steinpilz! Mutti, ich habe einen Steinpilz gefunden! – Nee, war keiner."
Mit mir sammeln sie Tannenzapfen zum Feueranmachen; wir haben eine zweirädrige Karre, mit der ziehen wir los. Und in jedem Frühjahr, nachdem die im Winter geschlagenen Bäume abgefahren sind, wandern wir mit der Karre – und mit Schippe und Kehrblech – die Waldwege ab auf der Suche nach Pferdemist für das Erdbeerfeld meiner Frau.
Sonntags machten wir, in der ersten Zeit, Radfahrten in die Heide. Wir wollten unsere neue Umgebung ken-

nenlernen. Schwesterchen saß bei meiner Frau, oder bei mir, mit auf dem Rade, hinter der Lenkstange auf einem eigenen Sattel. Wenn es aber bergauf ging, mußte auch Schwesterchen absteigen. Lieber blieb sie freilich sitzen und ließ sich schieben. Einmal führte das auf offener Landstraße zum Familienkrach. Meine Frau wollte Schwesterchen nachgeben und sie bergauf schieben. Ich ließ es nicht zu, machte meiner Frau Vorwürfe und bestand darauf, daß die ‚Prinzessin' genau wie wir zu Fuß ging. Das nahmen mir beide Damen übel: meine Frau schwieg eisig, Schwesterchen brüllte wie ein feuerspeiender Vulkan. Der Knilch wollte gern helfen, wußte aber nicht, wie. Nachher wartete er auf mich. Ich kam ja, als ‚Sieger', allein hinterher gefahren. „Du, Vati", sagte er, „das mußtest du aber nicht tun und mit Mutti so schimpfen!"

Es ist einer seiner schönsten Charakterzüge: bei jeder Gelegenheit tritt er ritterlich für die Damen der Familie ein. Allerdings, wenn er selbst streitende Partei ist, dann nicht. Aber als das, so lange Schwesterchen ‚neu' war, noch nicht vorkam, als es da noch keine Machtkämpfe zwischen den beiden gab, war er nur ihr edler Ritter und stritt furchtlos für sie. „Das darfst du aber nicht tun, Vati! Wenn du Schwesterchen so böse anguckst, kriegt sie ja Angst!" Oder: „Mutti, du darfst doch mit Schwesterchen nicht so schelten!" Und wenn meine Frau Schwesterchen sogar einen Klaps gab, dann liefen über sein mitleidendes Gesicht die dicken Tränen; und mochte Schwesterchen bereits wieder lachen, er saß noch stumm leidend da, und es dauerte seine Zeit, bis er, wie auf ein Signal, jäh wieder fröhlich war. Das tiefere Gemüt von beiden hat zweifellos er.

Schwesterchen ist die heitere Natur. Sie strahlt Sonnenschein aus. Als sie noch nachts aufs Töpfchen gesetzt werden mußte, rieb sie sich, nachdem meine Frau sie geweckt hatte, nur kurz die Augen und lachte meine Frau sofort still-strahlend an. Morgens, sobald sie aufwacht, ist es wirklich so, als beginne die Sonne zu scheinen. Nur wenn sie gekämmt wird, kann es plötzlich einen Regenschauer geben. Danach aber scheint gleich wieder die Sonne.

Sie hat dann ein paar Minuten ‚Dienst': hilft mit Wichtigkeit meiner Frau beim Tischdecken, oder deckt den Tisch auch schon allein. Danach hat sie den ganzen Tag frei; und ihre kleine Freiheit ist unsere große Freude.

Schwierigkeiten haben wir mit ihr noch nicht gehabt. Sie ist ja aber auch bei uns aufgewachsen. Ihre ersten Lebensjahre sind nicht wie bei dem Knilch ein für ihn und uns rätselvolles Dunkel. Wo wir bei ihm tasten und suchen müssen – wissen wir bei ihr.

Vorerst bietet sie somit nur den strahlenden Sonnenschein und gelegentlich einen Regenschauer. Bisweilen

überrascht sie auch mit einem kräftigen Hagelschauer: wenn sie trotzig ist, oder beleidigt, oder eifersüchtig. Dauert uns das zu lange, machen wir ein Gewitter daraus, mit Blitz und Donner; danach ist Stille – die Wolken verziehen sich, und bald scheint wieder die Sonne. Sie streunt ums Haus herum, sieht eine Blindschleiche oder einen kleinen Wasserfrosch – „Ein Fröschlein! Oh, ein Fröschlein!“ – bückt sich und möchte beide

streicheln, und wundert sich, daß weder die Blindschleiche noch der Frosch sich streicheln lassen, sondern eilig ausrücken.
Mittags klopft sie an die Tür meines Arbeitszimmers und holt mich zum Essen ab. Oder sie klopft an und bittet um den Tauchsieder für Mutti. Jedesmal bringt sie einen freundlichen Strahl Sonnenschein mit.
Um die Zeit, wenn der Knilch von der Schule kommt, trägt sie den Sonnenstrahl ihrem Brüderchen entgegen. Singend pilgert sie den Feldweg entlang, pflückt ein paar Blumen und erwartet ihn. Mit Geschrei kommen sie nach Hause: der Knilch in seiner Freude hat sie auf den Gepäckträger seines Fahrrades gesetzt, und sie ist hinuntergefallen.
Bei meiner Frau oder bei mir auf dem Rade sitzt sie sicher. Unterwegs in der Heide hielt sie gelegentlich sogar ihren Mittagsschlaf im Sattel. Es ist ihr Gewohnheitsrecht geworden, daß sie zum Einkaufen ins Dorf mitfährt. Auch meine Frau – selbst wenn sie weiß, daß nachher das Rad noch so bepackt sein wird – will nicht ohne Schwesterchen fahren. Während die beiden einholen und der Knilch in der Schule ist, bin ich allein zu Hause. Endlich Frieden! denke ich. Aber dann gucke ich friedlos nach der Uhr und rechne aus, wann die beiden zurück sein können. Etwas fehlt, wenn ich so gar keinen Krach höre: das Leben. Plötzlich höre ich unseren Familien-Kuckucksruf zweistimmig näherkom-

men. Das sind sie! – und ich springe auf, stolpere über irgendein Spielzeug hinaus auf die Veranda und antworte. Dann sehe ich schon das Fahrrad, beladen wie ein Karawanen-Kamel, auf dem schmalen Waldpfad heranschaukeln. Beutel und Handtaschen und die Milchkanne an der Lenkstange, ein Drahtkorb oder ein breiter Karton auf dem Gepäckträger, unter einem Rucksack meine Frau, fröhlich lächelnd, innerhalb der Reling ihrer Arme das Schwesterchen, laut lachend und „Vati, wir sind wieder da!" rufend, – so kehrt das Fahrrad wie ein Frachtschiff zurück in den Heimathafen.

Am Abend sitzt das Schwesterchen meiner Frau auf dem Schoß, und beide schmusen. „Wie lieb hast du mich, Schwesterchen?" – „Bis die Haut abgeht!" – „Und Vati?" – „Bis die Brille kaputt ist!" Der Knilch sitzt daneben und windet sich vor Wonne über sein zärtliches Schwesterchen. Mir wird das allmählich zu viel, und ich sage: „Nun aber Schluß!" Dann, eng umschlungen und vor Zärtlichkeit tropfend, ziehen die drei ins Schlafzimmer. Meine Frau bringt die Kinder zu Bett, und ich, der Direktor des Unternehmens, sitze allein am Abendbrottisch und ringe mit mir, ob ich auch ein gutes Werk tun soll, nämlich: den Tisch abräumen.

Ich denke in solchen Minuten an meinen Vater und sehe ihn in meiner Erinnerung, wie er – nach ähnlichen

Familienvorstellungen – ebenfalls allein am Tisch zurückblieb und sich nachdenklich oder verklärt, je nachdem, den Bart rieb. Wir heute sind keine natürlich gewachsene Familie, wir sind eine Wahlfamilie, aber ich glaube, wir sind in diesen Jahren doch zu einer echten Familie zusammengewachsen.

Es ist noch gar nicht so lange her, da wurden wir gefragt: „Ja, aber wie ist das denn nun –?" Und mit einem prüfenden, etwas verlegenen Blick, zuerst auf meine Frau, dann auf mich, folgte die uns unbegreifliche Frage: „Können Sie denn die Kinder – können Sie die denn lieben? Es sind doch fremde Kinder!"
Wir waren ziemlich baff, und meine Frau fragte ganz verdutzt: „Fremde Kinder?"
„Nun ja, es sind doch nicht Ihre eigenen! Daß man seine eigenen Kinder liebt, ist natürlich; – im eigenen Kind findet man sich selbst wieder. Aber in einem fremden Kind –?"
Bei aller Eigenliebe, so groß ist meine Selbstvergötterung nicht! Was ist das überhaupt für eine Liebe, die noch im Kinde nur sich selbst liebt?
Ehrlich: die Ähnlichkeiten, die der Knilch mit mir hat, mich beklemmen sie! Er gebraucht beispielsweise manche unbedachten Redewendungen von mir. Auch Gesten, die mich an mir selbst seit Jahren ärgern – weil sie überflüssig sind – hat er schon übernommen. Oder

er putzt sich die Nase mit einem Trompetenstoß. Ich zucke dabei am meisten zusammen, weil ich den Trompetenstoß kenne; von mir! *Und* von meinem Vater! Von meinem Vater habe *ich* ihn übernommen. Wenn nun der Knilch auch trompetet, dann ist also unanzweifelbar der Trompetenstoß Erbgut. Aber stolz bin ich darauf keineswegs und liebe auch nicht den Knilch nun um den Trompetenstoß mehr.

Schwesterchen hat ebenfalls, leider, schon etwas von mir geerbt. „Vati, das sage ich dir aber, du hast mir versprochen, du willst mit mir spazierengehen, das mußt du jetzt auch tun!" – und dabei fuchtelt sie mir mit ihrem erhobenen Zeigefinger ermahnend vor der Nase herum. Genau wie mein Vater mir – und wie ich den Knilchen vor ihren Nasen! Erst Schwesterchens Zeigefinger aber hat mir bewußt gemacht, daß ich es auch tue. Nun bemühe ich mich, nicht mehr zu fuchteln. Zu spät! Der drohend erhobene Zeigefinger hat sich bereits tief in meiner Tochter verankert.

Fremde Kinder? So wenig, wie meine Frau ein ‚fremdes Kind' ist! Aber sie war eines!

Heiraten nicht eigentlich alle Menschen ‚fremde Kinder'? Und lieben sie! Ja: heiraten sogar *aus* Liebe zu eben einem fremden Kind!

Mir ist prompt darauf erwidert worden: „Aber das ist doch etwas ganz anderes! Das ist doch – na ja, die Liebe zwischen den Geschlechtern." Bei der geschlechtli-

chen Liebe also ist es verständlich, daß sie sich ‚fremden Menschen' zuwendet. Aber es gibt doch noch die Freundesliebe und die Kameradenliebe zu ebenfalls ‚fremden Menschen'! Und gibt es denn nicht immer noch auch die Nächstenliebe?
Möglich, daß die Knilche einen anderen Vater gefunden hätten. Aber nun bin *ich* ihr Vater! Jeden Abend, nachdem sie eingeschlafen sind, stehe ich an ihren Betten und bin ihnen dankbar für ihr Vertrauen: daß sie sich geborgen fühlen – bei uns! Diese Freude, die ich empfinde: daß wir zwei aus dem Nest gefallenen Piepmätzen Schutz geben können und Schutz sind! Zwar, wenn es sein muß, bekommen sie auch Strafe. Aber es tut so weh, streng gegen Kinder zu sein, die ohne Schuld schon bald, nachdem sie in der Welt waren, vom Leben verhauen worden sind. Man möchte ihnen immer und immer nur Zärtlichkeiten geben, um das wieder gutzumachen.
Manchmal kommt der Knilch nicht nach Hause: zwei Stunden nach Schulschluß ist er noch nicht da. Dann haben wir keine Ruhe mehr. Ist ihm etwas passiert? Er hat einmal morgens auf seinem Schulweg einen Salto in den Graben gedreht: er guckte nach Rehen, achtete nicht auf den Weg und prallte gegen einen Feldstein, der Feldstein stellte ihm das Vorderrad quer, und platsch stand der Knilch im Wasser. Zehn Minuten später stand er als Jammergestalt heulend vor der

Haustür und traute sich nicht herein, weil er so tropfte.
Mittags, auf seinem Heimweg, ist ihm noch nichts zugestoßen, und daher, wenn er mittags nicht pünktlich da ist, erklären wir uns seine Verspätung mit zwei Möglichkeiten. Die eine ist: Er muß wieder nachsitzen. Nachsitzen muß er ziemlich oft, wegen ‚ruhestörenden Lärms'. Daran sind wir schon gewöhnt, und es stört uns nicht mehr sehr. Die andere Möglichkeit ist: Als der schnellere hat er unseren Nachbarn, einen Rentner, eingeholt, der im Dorfe eingekauft hat und zu Fuß nach Hause geht. Das nachbarliche Haus liegt auf halbem Wege zu uns, also über anderthalb Kilometer vom Dorfe entfernt, und um es dem Nachbarn leichter zu machen, hat der Knilch ihm das Marktnetz mit den Einkäufen abgenommen, hat es sich an die Lenkstange gehängt und der Frau des Nachbarn vor die Haustür gefahren; dort hat er sich hereinbitten lassen, und nun sitzt er in der Küche und läßt sich für seine gute Tat verwöhnen. Das dauert auch, wie das Nachsitzen, rund eine Stunde. Aber für *zwei* Stunden Verspätung reichen die beiden Erklärungen nicht aus. Es sei denn, der Knilch würde, wenn er nachgesessen hat, auch noch in der Küche herumsitzen. Aber das wagt er denn doch nicht. Was aber ist mit ihm los?
Ich weiß von mir: sich herumtreiben ist eine Lust! Somit: warum sollte sich der Knilch nicht auch herum-

treiben? Er fühlt sich seines Zuhause ja so sicher, daß er weiß: *das* läuft ihm nicht weg! Folglich – falls er überhaupt denkt – denkt er bestimmt: ‚Och, Mann, die warten doch zu Hause auf mich!' Ich kenne das genau: ich war ja auch einmal ein ‚Knilch'. Mich haben meine Eltern einmal sogar von der Polizei suchen lassen. Da war ich knapp acht Jahre alt. Aber während noch die Polizei nach mir fahndete – natürlich in der ganz falschen Richtung – kam ich schon aus eigenem Antrieb nach Hause: ich hatte Hunger und war müde. Das sind Beweggründe, die auch den Knilch zur gegebenen Zeit nach Hause bringen. Nur: meine Frau und ich halten es, in unserer Sorge um ihn, so lange nicht aus. Einer von uns schwingt sich aufs Rad und braust los.

Wenn *ich* ihn gefunden habe – auf einem Bauplatz, bei der Mühle, am Bahnhof: „Vati, schade, daß du jetzt erst kommst! So'n langer Zug war eben da! Bis dahinten hin, mindestens fünfzig Wagen, und vier Volkswagen auf jedem drauf, zweihundert Stück!" – bekommt er seine fruchtlose Ermahnung, und danach fahren wir im Gänsemarsch schnatternd nach Hause. Nebeneinander her können wir nicht fahren. Wir haben das einmal getan: da lagen wir beide im Graben.

Unterwegs biegen wir zu einer Waldwiese ab und beobachten die Rehe. Dort finden uns meine Frau und Schwesterchen. Und obwohl wir ihnen eindringlich Zeichen geben, sie möchten sich bitte still verhalten, erhebt meine Frau eindringlich laut ihre Stimme, so daß nicht allein die Rehe einen Schreck kriegen: „Hier also treibt ihr euch wieder herum! Und wir sitzen zu Hause und sorgen uns um euch! Was denkt ihr euch eigentlich? Habt ihr nicht daran gedacht, daß, wenn erst der Knilch und dann auch Vati nicht nach Hause kommt, daß wir dann denken müssen – Ach, ich könnte euch – Nun steht da nicht noch herum und guckt hinter den Rehen her!"

Ich mag mich ja irren, aber ich habe den Eindruck: wir sind tatsächlich jetzt eine ganz richtige Familie. Nämlich: Während damals noch die Polizei nach mir fahndete, bekam ich von meiner Mutter eine Rede ganz derselben Natur. Und außerdem eine Backpfeife. Und die auch nur aus Liebe.

Gewiß, wir sind eine Wahlfamilie, aber von einer natürlich gewachsenen Familie unterscheiden wir uns wohl nur noch dadurch, daß in jeder unserer Geburtsurkunden ein anderer Nachname steht.

Mir hat einmal ein Freund gesagt, gerade nachdem er Vater geworden war: „Jetzt sind wir drei! Jetzt kann uns gar nichts mehr passieren!"

Dasselbe empfinden wir. Sogar noch mehr, weil wir ja vier sind!

WAS WEITER WIRD, WEISS DER LIEBE GOTT

Wer uns als ‚Knilchfamilie‘ kennt, fragt immer wieder: „Was machen die Knilche?“ Bisher wußten wir darauf jedesmal eine zufriedenstellende Antwort. Aber seitdem wir nun, wie ich meine, ‚normal‘ geworden sind, können wir gar nichts eigentümlich Knilchiges mehr bieten. Was heute bei uns vorkommt: ‚das kommt in den besten Familien vor‘.

Der Knilch hat nun zum ersten Male geklaut. Es ist seitdem schon eine Weile vergangen, und ich glaube, er hat es noch nicht wieder getan. Er kam auf seinem Schulweg an einer Bäckerei vorbei, in dem Schaufenster der Bäckerei liegen Mohrenköpfe aus, und Mohrenköpfe mag der Knilch gern. Für sein Taschengeld – fünfzig Pfennig in der Woche – kann er sich nicht täglich einen Mohrenkopf kaufen. Was tut er da? Er klaut. Zuerst nur zehn Pfennig, dann zwanzig, wieder zehn, jetzt schon fünfzig, und nun – Erfolg macht mutig – eine Mark! Das Geld liegt in einer Schublade des Küchenschranks. Da ich in meiner Kindheit selber geklaut habe, hätte ich daran denken müssen, daß es da nicht hingehört, wenn ein elfjähriger Junge es da sehen kann.

Als das 1-Mark-Stück nicht mehr da ist, wird meine Frau stutzig. Ich unternehme mit dem Knilch einen Spaziergang. Wir gehen zu einem ‚großen Jungen', der dem Knilch die Mütze zerrissen und in eine Pfütze geworfen hat. Der Knilch hat sich gegen den Größeren nicht wehren können, und also zeige ich ihm, daß, wenn er gegen eine Übermacht sich nicht behaupten kann, dann ich ihm zu Hilfe komme. Nach diesem Beweis, sage ich auf dem Rückweg zu ihm, nun solle er mal beichten, was er eigentlich mit dem Geld gemacht habe. Jetzt wird *er* stutzig und bekommt einen roten Kopf. Ich freue mich, daß er wenigstens rot wird. „Mit was für Geld?" fragt er mühsam. „Na, mit dem, das du geklaut hast." Er schluckt und flüstert etwas. „Wie, bitte?" frage ich. Da knurrt er, schon auf sich selber böse: „Mohrenköpfe gekauft."
Wir haben ihn zwei Tage nur von Mohrenköpfen leben lassen. „Wenn du Mohrenköpfe so gern ißt, brauchst du das nur zu sagen. Wir geben dir gern Mohrenköpfe. Deswegen brauchst du doch nicht zu stehlen!" Wir stellten ihm einen ganzen Karton voll Mohrenköpfen auf den Tisch. Er sah uns an, als hielte er uns für wahnsinnig. „Ja, iß nur, Junge! Iß dich mal ordentlich satt!"
Beim vierzehnten Mohrenkopf merkte er, was los war: da war ihm so übel, daß er sich erbrach. Als bei der nächsten Mahlzeit wieder der Karton mit den Moh-

renköpfen an seinem Platz stand, wollte er sich gar nicht setzen, sondern fing hoffnungslos an zu weinen. Am zweiten Tage hatte er sich willig in sein Schicksal gefügt; mehr noch: er fühlte sich nicht schlecht, sondern gerecht behandelt. „Vati, das kannst du mir glauben, bei jedem Mohrenkopf, bis ich ihn aufhabe, denke ich immerzu: Schadet mir gar nichts! Wenn ich man bloß nicht geklaut hätte. Bin ich jetzt ein Dieb?"

Er hat tapfer alle sechsunddreißig Mohrenköpfe, die wir ihm auferlegt hatten, heruntergemampft. Seitdem habe ich ihn noch nicht wieder auch nur einen Mohrenkopf essen sehen, und er hat auch noch nie wieder Verlangen nach einem Mohrenkopf geäußert.

Ob unsere Methode richtig ist, weiß ich nicht – wir probieren sie ja erst aus. Aber ich bin zuversichtlich, daß der Knilch sich seines ersten Klauens nun so deutlich erinnert, daß diese – unangenehme – Erinnerung ihn lange Zeit vorm zweiten Klauen bewahren wird.

Selbstverständlich haben wir auch an sein Gewissen appelliert; aber ein schlechtes Gewissen hat ihn noch nie so elend gemacht wie die sechsunddreißig Mohrenköpfe. Noch dazu waren es die billigen, das Stück für zehn Pfennig, mit dieser Füllung, die wie gezuckerter Rasierseifenschaum schmeckt.

„Vati, das kann ich dir sagen: ich klaue nie wieder! Davon habe ich genug!"

Im Grunde ist es rührend von ihm: Er hat Strenge noch

nie als unverdient empfunden. Noch nie hat er sich aufgelehnt oder war trotzig oder ‚böse' auf uns. Selbst dann nicht, wenn er mal zu Unrecht eins auf den Dekkel bekommen hatte. „So? Du warst es gar nicht? Entschuldige, bitte! Los, dafür hau du nun mir eins auf den Deckel!" Doch der Knilch schüttelt nur brüderlich den Kopf: „Nein, Vati. Irren kann sich jeder mal."
Er weiß das sattsam genug von sich selbst, und darum nimmt er es einem anderen nicht übel, wenn der sich auch mal irrt.
Bei ihm gibt es wohl keinen Tag, den er nicht schon mindestens mit Zerstreutheit anfängt. Er bringt es fertig und zieht die Unterhose falsch an, mit der Rückseite vorn, und merkt es gar nicht. Erst wenn er sein kleines Geschäft machen will, wundert er sich, daß er keinen Ausgang findet. „Mutti! Ist das eine neue Unterhose? Bei der stimmt aber was nicht!"
Nachmittags höre ich ihn bei seinen Schularbeiten murmeln: „Nun sieh dir das bloß wieder an!" – „Meinst du mich?" – „Nee, ich spreche mit mir." – „Was ist denn los?" – „Na, was ich da wieder gerechnet habe! Sowas!" – „Was denn?" – „Dreimal sechs gleich achtzehn!" – „Ja, und?" – „Na, dreimal sechs ist doch vierundzwanzig!"
Weil der Knilch noch immer so ‚unsortiert' ist, war es ein Wagnis, ihn auf die höhere Schule zu schicken. Wir ließen ihn deswegen vorsorglich noch das fünfte Schul-

jahr auf die Volksschule gehen. Aber danach, wenn überhaupt, mußten wir ihn zur Aufnahmeprüfung anmelden. Er selbst machte sich keine Sorge. Ihn interessierte an der Prüfung nur, daß er dazu in die Stadt mußte: und in der Stadt war ein Zoo, und in dem Zoo waren Affen. Noch am Tage, bevor die Prüfung begann, war *seine einzige* Sorge: „Vati, wir gehen doch aber bestimmt auch zu den Affen?" Ich dachte: Na, schön; wenn er also mal nicht Zoodirektor werden kann, Wärter im Zoo ist auch ein guter Beruf. Aber der Knilch bestand die Prüfung! Sogar fürs Gymnasium! Ich bin zwar darauf gefaßt, daß er eines Tages nach Hause kommt und sagt: ‚Vati, entschuldige, bitte; sie haben mich da rausgeschmissen!' Aber bislang ist alles gut gegangen.

Auf seinem neuen Schulweg ist auch noch nichts passiert. Das Gymnasium liegt in einem Nachbarort, zwei Bahnstationen von unserem Dorf entfernt. Meine Frau hatte anfangs ‚keine ruhige Minute'. „Der als Fahrschüler?! Der fällt doch aus dem Zuge! Oder er richtet sonst ein Unheil an!" Aber er hat lediglich erst seine Mütze liegengelassen und ist mehrere Male ohne Fahrkarte gefahren, weil er die zu Hause liegengelassen hatte. „Das macht nichts, Mutti! Die Schaffner, die kennen mich schon!"

Im Sommer war er mit seiner Jugendgruppe im Zeltlager. Meine Frau meinte: „Bestimmt tut ihm das gut!

Da muß er auf sich allein aufpassen, und das macht ihn selbständig." Als er nach drei Wochen zurückkam, hatte er Schweißfüße bekommen.

„Hast du dir denn nie die Füße gewaschen?"

„Wieso?"

„Na, faß mal deine Strümpfe an! Die krachen ja!"

„Ja, ich habe mich auch schon gewundert. Wovon kommt das bloß?"

„Weil du die ganze Zeit dasselbe Paar Strümpfe getragen hast! Sechs Paar habe ich dir mitgegeben, und hier: fünf Paar sind noch sauber!"

„Achso!"

„Und du willst mir erzählen, du hast dir die Füße gewaschen!?"

„Doch, Mutti! Bloß, wir mußten uns ja immer so beeilen, und da bin ich nie ganz fertig geworden!"

Von seinen Kameraden erfuhren wir: er hatte den Spitznamen ‚Urwald' bekommen.

„Oh, Jungejunge", sagte meine Frau, „schämst du dich gar nicht?"

Er kam zu mir und fragte: „Vati, sag mal, ist das wirklich so schlimm? Ich dachte, im Zeltlager, da ist das egal; man wird da ja doch wieder dreckig."

„Mann", sagte ich, „die anderen haben dich aber doch ‚Urwald' getauft! Hast du denn gar nicht gemerkt, daß das dafür war, weil du dich nicht fein benommen hast?" – „Oh, Vati", stöhnte er gequält. „Mutti hat recht; das muß wirklich anders mit mir werden! Was ich alles fertigbringe!"

Ich bin überzeugt, er hat in allem ernsthaft den guten Willen. Er denkt nur zu wenig daran, daß er ernsthaft den guten Willen hat. Leider tut man das selbst noch als Erwachsener ja nicht anders.

„Wissen Sie, ich muß Ihnen das mal sagen: Ihren Knilch, den habe ich *zu* gern! Ein richtiger Lauser, so wie er sein muß! Wenn man den erst richtig kennt, dem kann man gar nicht böse sein! Der Bengel hat doch Herz! Das werden Sie erst später merken, was Sie an dem haben!"

Das sagt heute dieselbe Frau, die uns geraten hatte, wir sollten ihn in ein Internat stecken.

Man muß eben nur Geduld haben mit dem Knilch.

Neulich erzählte er uns, sie hätten in der Geschichtsstunde über Königin Elisabeth von England gesprochen. „Ist denn da kein König?" Meine Frau erklärte ihm: In England sei der König gestorben und habe keinen Sohn hinterlassen, sondern zwei Töchter, und darum sei die älteste der Töchter, Elisabeth, Königin geworden. „Achso! Und weil sie nicht verheiratet ist – Ist ja klar!" – „Nein", sagte meine Frau, „sie *ist* verheiratet! Mit einem Prinzen. Aber der Prinz ist nicht, nur weil er ihr Mann ist, auch König!" Das verblüffte den Knilch. „Wieso ist der nicht König? Wenn *sie* Königin ist –" Plötzlich, noch ehe meine Frau ihm

antworten konnte, hatte er *seine* Erklärung gefunden: „Ah, ich weiß! Der hat das wohl nicht begriffen, was?“ Das, weil er selber so viel Mühe mit sich hat, war ihm verständlich. Noch mit anderen Aussprüchen hat er uns sein tiefstes Selbst blitzartig aufgehellt.

Als eine Großtante meiner Frau gestorben war, ging der Knilch, auf dem Wege zum Friedhof, still und sinnend neben uns her. Er hatte die alte Dame, eine Frau von über achtzig Jahren, gut gekannt. Er wußte, sie war eine ‚uralte' Frau gewesen: ging am Stock, hatte weißes Haar, ein welkes Gesicht und welke Hände und lebte in dem Zimmer, worin er sie oft besucht hatte, ganz allein. Nun war sie tot. „Aber ihre Mutter, die lebt doch noch?" Das allein waren seine Gedanken: Kein Mensch kann doch jemals ohne Mutter sein!

Derselbe Knilch hat mir aber auch bewiesen, daß er – was ich ihm noch gar nicht zugetraut hatte – schon ‚real' logisch denken kann. Ich hatte einen Apfel genommen, und als ich sah, daß er faul war, legte ich ihn wieder aus der Hand. Der Knilch grinste. „Vati", sagte er, „der Apfel war faul." Ich merkte, daß er etwas Besonderes damit ausdrücken wollte, darum sagte ich: „Nein, der Apfel *ist* faul!" Er schüttelte den Kopf. „Ich meine das so: Der Apfel *war* faul, darum *ist* er jetzt faul!" Aha, er dachte an seine eigene Faulheit: Wenn du faul bist, hatte ich ihm gesagt, wird aus dir nie etwas Nützliches.

Ich lobte ihn, daß er mich so gut verstanden hatte, und er sagte treuherzig: „Na ja, Vati du kennst mich doch." Hoffentlich!

Wir beide sind ja nicht nur Vater und Sohn, sondern wir sind auch Freunde. Ich heiße als sein Freund, auf seinen Wunsch, Gustav. Zu Gustav kommt er, wenn er sich zu ‚Vati' noch nicht traut. Mit Gustav beredet er, ob und wie er sich aus einer Klemme helfen kann. Gustav ist sein ihm stets sicherer Freund.

Eine Harzwanderung machten wir nur als ‚wir zwei Freunde'. Als wir den Achtermann bestiegen, spielten wir unterwegs in den Felsspalten des Achtermannstors Indianer. Ich war der Häuptling, der Knilch folgte mir nach. Mitten im Spiel war er von mir als Häuptling so begeistert, daß er spontan ausrief: „Mensch, Vati, mit dir ist das prima!" – „Erlaub mal, ich bin dein Freund Gustav!" – „Ach, ja! Entschuldige, Gustav! Du, Gustav, aber mein Vati – mein Vati ist genauso prima!"

So gut ich kann, bin ich dem Knilch der Freund, den er braucht. Denn ein Nachteil dessen, daß wir allein im Walde wohnen, ist der: beide Kinder haben keine Freunde. Gewiß, vormittags in der Schule hat der Knilch seine Mitschüler. Aber keiner, nicht mal einer aus dem Dorf, kommt zu uns heraus, um den Knilch zu besuchen. „Oh, nö! Was ist bei euch schon los? Bloß Wald; und dann der weite Weg. Och, nö, Mensch!"

Schwesterchen hatte im ersten Jahr ein kleines Gänschen als Spielgefährten. Es war von drei Gänschen als einziges am Leben geblieben. Wir hatten sie unserer Glucke unterschieben wollen, aber die Glucke hatte sie nicht angenommen. Wir taten sie in einen Karton und stellten ihn tags in die Sonne. Nachts stand er, unter einer Decke, neben dem Küchenherd. Dennoch starben zwei Gänschen. Nur das dritte blieb munter, reckte den Hals zum Rande des Kartons herauf und piepte.

„Ja, piele-piele!" sagte Schwesterchen. „Nun bist du ganz allein und hast keine Mutti!"

‚Piele' kam in eine flache Kiste, und Schwesterchen erhielt den Auftrag, wenn Piele draußen war, dafür zu sorgen, daß nie zu viel Schatten in die Kiste fiel. Sie war den ganzen Tag draußen bei der Kiste, drehte sie mit der Sonne und war so erfüllt von ihrer Pflicht, daß sie kaum zum Essen wegzuholen war. „Ich muß dann aber gleich wieder runter, Mutti! Sonst kriegt Piele keine Sonne! Und dann geht Piele tot!"

Als Piele größer geworden war, zimmerte ich ihr einen weiträumigen Laufstall, mit Maschendraht ringsherum; darin ging sie spazieren und rupfte sich ihr Gras.

Eines Tages war ihr linkes Auge geschlossen. Ob die Hühner durch eine Masche des Drahtnetzes hindurch nach ihr gehackt hatten? Schwesterchen jammerte: „Mein Pielechen! Mein armes, armes Piele! Jetzt haben sie dir dein Auge ausgehackt! Das sollst du aber sehen: Nie, nie wieder gebe ich den Hühnern was zu fressen! Die bösen! Gar nichts kriegen sie mehr!"

Nach etwa zwei, drei Wochen war Pieles Auge wieder

offen. „Mutti, Mutti! Komm mal schnell her! Piele kann wieder kucken! Pieles Auge ist wieder da!"
Piele war uns nun schon so ans Herz gewachsen, daß wir, wenn wir sie sahen, nicht mehr an Weihnachten denken mochten. Meine Frau sagte zwar: „Laßt Piele nur erst eine richtige Gans sein, dann legt sich das!"
Es legte sich aber nicht. Auch als ausgewachsene Gans stand Piele ja allein in der Welt und hatte nur uns als Freunde. Sobald Schwesterchen vors Haus kam und Piele sie sah, kam sie schnatternd an und ging hinter ihr her. Und wenn wir zu unserem Wiesenflüßchen baden gingen, ging Piele mit. Sie ging auch mit uns ins Wasser und blieb, solange wir blieben. Dann watschelte sie mit uns wieder nach Hause.
Unterwegs paßte Schwesterchen auf, daß wir nicht zu schnell gingen. „Mutti, ihr müßt langsamer gehen! Piele kommt nicht mit! Nun wartet doch!"
Kurz vor Weihnachten packten wir Piele in einen Verschlag, brachten sie zur Bahn und schickten sie der Mutter meiner Frau. Dort, bei der Omi, würde Piele Kinder kriegen, und im nächsten Sommer würde die Omi eines von Pieles Kleinen Schwesterchen schicken. „Weißt du, das ist besser! Wenn Piele hier bei uns Kleine kriegt, hacken womöglich die Hühner so einem kleinen Piele wieder ins Auge."
Mit dieser Erklärung meiner Frau war Schwesterchen zufrieden, und als wir für uns eine Weihnachtsgans ge-

kauft hatten und sie als Braten auf dem Tisch stand, sagte Schwesterchen: „Gut, daß Piele nicht mehr hier ist! Bei Omi, da lebt sie noch."

Sie hat aber nie wieder nach Piele gefragt, auch nicht, als die Omi bei uns zu Besuch war. Ganz geheuer ist ihr Pieles Abreise offenbar nicht gewesen.

Seither hat sie keinen ständigen Spielgefährten wieder gehabt. Sie hat nur die Hühner, die sie täglich füttert, und Micki, unseren Wachhund. So gut die beiden sich vertragen, spielen aber soll Schwesterchen nicht mit ihm. Was bleibt ihr übrig? Sie ‚denkt sich' Freunde. Stundenlang spielt sie ‚Mensch, ärgere dich nicht!' mit einem gedachten Partner. Natürlich gewinnt der nie. Sie läßt sich wohl, wenn sie schon im Vorteil ist, mal von ihm hinauswerfen, aber am Ende hat doch jedesmal sie gesiegt. „Mutti, ich habe wieder gewonnen! Der war aber auch dumm! Der hat nie aufgepaßt."

Sie hat offenbar eine Begabung, sich allein zu beschäftigen. Sie scheint es nicht nur zu tun, weil sie keinen Partner hat. Es macht ihr Freude, etwas zu tun. Es muß nur auch wirklich etwas ‚zu tun' sein. Dann hat sie sogar Angst, jemand könnte sie dabei stören. „Geh weg! Laß mich! Ich kann das allein!" Sie kann es tatsächlich: sie stickt, häkelt, schreibt ihren Namen, findet im Lexikon wieder, was man ihr einmal gezeigt hat, ja, sie kann bereits rechnen! Als ich sie fragte, wieviel Augen insgesamt ein Würfel habe, ging sie in die

Zimmerecke, knibbelte an ihren Fingern und sagte plötzlich, ohne die geringste Unsicherheit: „Einundzwanzig."

Hin und wieder, wenn aus dem Radioapparat Walzermusik erklingt – ich habe, nachdem wir in den Wald gezogen waren, doch endlich einen Apparat angeschafft – tanzt sie. Dabei allerdings ist sie nicht gern allein. Dazu verlangt sie Zuschauer. „Mutti! Vati! Kommt mal schnell her! Ich tanze!"

Einmal im Jahr hat sie jedoch eine richtige Freundin: Brigitte, unser Ferienkind aus Berlin. Brigitte ist drei Jahre älter als Schwesterchen; eine echte Großstadtgöre, knochig und keß. Jedesmal wollen wir sie so stramm wie Schwesterchen herausfüttern; es ist uns leider noch nie gelungen. Der Berliner hat ‚ebent mehr jeistige Veranlagungen'.

Wenn Brigitte hier ist, gehört Schwesterchen uns nicht mehr, und auch nicht mehr sich selbst. Sie gehört Brigitte. Wir sehen die beiden pünktlich zu jeder Mahlzeit, bisweilen auch zwischen den Mahlzeiten, wenn sie hungrig sind; danach sind sie wieder unsichtbar. Und dann – ringsherum aus dem Walde, mal daher, mal dorther – hören wir nur ihre Stimmen: plappern, kreischen, juchzen.

Ich habe mich dabei ertappt, daß in solchen Wochen, während Brigitte ‚regiert', Schwesterchen mir fehlt. Sie kommt nicht in mein Zimmer, um mich zum Essen

Rezel
Es känt an den
wand und macht
tik tak und wens
runner fält dan
ist es kaput
(Päch)

zu holen, sie unterhält sich nicht mit mir, hat keine Fragen an mich – ich bin ‚abgemeldet'! Es ist der ‚Eltern Los'. Eines Tages kommt sogar ein Herr und bittet um die Hand des Fräulein Tochter, und wenn man ja sagt, nimmt er sie mit, und sagt man nein, folgt sie ihm heimlich.

So hübsch es ist, wenn Brigitte hier ist, ich freue mich jedesmal, wenn Schwesterchen wieder uns gehört.
Manchmal nehme ich sie mit auf meinen Spaziergang.
„Va-ti-i?“
„Ja-a?“
„Wollen wir Rätsel raten?“
„Ich denke, du möchtest Rehe sehen?“
„Hier sind noch keine Rehe. Wir können ja nachher still sein. – Vati! Es hängt an der Wand, macht ticktack, und wenn es herunterfällt, ist es kaputt. Was ist das?“
Sie hat das Rätsel von Brigitte gelernt, und weil die Berliner Lösung ihr so gefallen hat, ist es ihr Lieblingsrätsel geworden. Immer wieder gibt sie es auf, und immer wieder muß ich es raten. Ich tue jedesmal so, als überlegte ich, ehe ich, wie in plötzlicher Erleuchtung, sage:
„Ich hab's! Eine Uhr!“
„Nee, Pech.“
Oder sie fragt: „Va-ti-i? Wollen wir wieder Ohio spielen?“
Auf dieses Spiel sind wir auch eingeübt. Wir haben es sogar erfunden.
Ich war auf dem Glatteis gestürzt, und mein Bandscheibenknacks war noch ärger geworden. Ich mußte jeden Morgen eine halbe Stunde heiß baden, um die Bandscheibe ‚aufzutauen‘. Das Baden im Winter ist

aber bei uns gar nicht so einfach. Im Sommer haben wir das Wiesenflüßchen und die Waschküche. Jedoch im Winter müssen wir die Zinkbadewanne in die Wohnung holen, und da ich, wegen der Bandscheibe, nicht mit anfassen kann, muß meine Frau die Wanne allein tragen –, und das Wasser von der Pumpe auch!

Damit mir die halbe Stunde in der Wanne nicht zu langweilig würde, stellte meine Frau sie ins Kinderzimmer. Schwesterchen war damals vier Jahre alt und lag um diese Zeit noch im Bett. Aber sie war schon wach und munter, und sowie die Wanne hereinkam, stellte sie sich in ihrem Gitterbett auf und stand da wie der Kapitän auf der Kommandobrücke. Und da ich mich, mitten im Zimmer, in der Zinkwanne wie in einem Boot fühlte, ergab sich aus beidem, daß wir anfingen Schiff zu spielen. Schwesterchen, hoch auf der Kommandobrücke, fuhr einen Ozeanriesen; ich, in meiner Parterre-Wanne, schaukelte in einem Ruderboot. Wir begegneten uns auf dem Atlantik und begrüßten uns mit dreimaligem Tuten der Nebelhörner. Dann mußte ich rufen: „Hallo, Ohio! Wo kommst du denn her?" – „Ich?" antwortete Schwesterchen. „Ich komme von – von Merika!" – „Wie? Du ganz allein? Wo ist denn dein Kapitän?" – „Der – Och, der – Der schläft!" – „Schon wieder? Der schläft wohl immer?" – „Ja, der hat gestern abend Grog getrunken!"

Ihr Kapitän war – und ist noch – der große Teddybär, den sie bekommen hat, als sie zwei Jahre alt wurde. Es war ihr erster Geburtstag bei uns, und darum hatte ich den größten Teddybär gekauft, den es in dem Geschäft gab. Schwesterchen war damals nur wenig größer als er. Jahrelang ist sie nicht ohne ihren Teddy im Arm eingeschlafen. Und als aus dem Teddy ‚Käpt'n Teddy' geworden war, sagte sie, sie sei mit ihm verheiratet.

Ich fragte: „Grog hat Käpt'n Teddy getrunken? Wo hat er denn das gelernt? Ich denke, in Ohio, da trinken sie nicht Grog?"
„Och, der – in Hamburg! Wir kommen doch von Hamburg!"
„Ach, ihr kommt nicht von Ohio?"
„Doch, von Ohio kommen wir auch. Da waren wir gestern. Da wohnt doch Käpt'n Teddy!"
„*Der* wohnt da?! Ja, und du?"
„Ich? Och, ich – Ich bin aus Merika!"
Ich bin mir nicht im klaren, ob es richtig ist, daß ich dieses Spiel so mit ihr spiele. Denn ich tue es nicht ohne Absicht. Ich möchte sie an die Namen Amerika und Ohio gewöhnen. Sie sollen ihr nie fremd sein. Vielleicht ist später der Schock dann nicht so groß, wenn sie erfährt, daß in Amerika, Ohio – eben dort, woher sie im Spiel oft mit Käpt'n Teddy hergekommen ist – ihr leiblicher Vater wohnt.
Und ich sage bei Gelegenheit auch immer wieder, daß wir beide, sobald sie groß geworden sei, ‚richtig' nach Amerika reisen würden, um dort meine Freunde zu besuchen. Denn der Wunsch, das Land, aus dem sie zu einem Elternteil stammt, kennenzulernen, wird in ihr einmal bestimmt wach, und dann soll sie ungehemmt sagen können: ‚Vati, du hast mir doch immer schon versprochen, du wolltest mit mir mal nach Amerika...'

Ich glaube, auch das ist ganz gut für Schwesterchen: daß ich selber drüben jahrelang gelebt habe, und gar nicht weit von Ohio. In Ohio bin ich damals auch gewesen, und noch in 23 anderen Staaten. Ich kann ihr also viel von ihrem ‚Vaterland' erzählen und auf Fragen, die sie haben wird, antworten. Außerdem, so hoffe ich, werde ich auf diese Weise ihr als Vati auch dann vertraut bleiben.

Ob und wieviel ‚Amerikanisches' in ihr ist, wissen wir noch nicht. Die Eigenschaften, die sie bisher gezeigt hat, sind, nach unserem Dafürhalten, international. Noch vor zwanzig Jahren hätte allerdings für spezifisch amerikanisch gegolten, daß sie gern Kaugummi kaut; heute nicht mehr. Und daß sie schon auf zwei Fingern pfeifen kann, glücklicherweise noch stümperhaft, ist andererseits gewiß keine rein deutsche Begabung. Also ist sie wohl ‚ganz normal'.

Auch was sie aus ihrer weiblichen Natur bietet, ist, jedenfalls nach meinen Kenntnissen, die Norm.

Wir hatten den Besuch der Schwester meiner Frau und ihrer zwei kleinen Mädchen: das eine älter als Schwesterchen, das andere jünger. Mit dem älteren vertrug sich Schwesterchen sofort gut. Mit dem jüngeren sofort gar nicht. Sie, Schwesterchen, und die kleine Uschi – als die jüngsten in ihren Familien – waren beide gewöhnt, Hauptperson zu sein. Nun auf einmal war es Schwesterchen nicht mehr. Hingegen hatte

Uschi, weil sie Gast war, ihren Rang als Hauptperson behalten. Das kränkte Schwesterchen natürlich, und sie ergrimmte. Sie benahm sich gegenüber ihrem Gast fuchtig und behandelte ihn rabiat: zog ihn an den Haaren, kratzte ihn und stieß ihn um. Meine Frau war entsetzt, und sogar der Knilch staunte; wir alle kannten unseren ‚Sonnenschein' so noch nicht. Als Schwesterchen gar nicht aufhörte zu zanken und zu raufen, sperrte meine Frau sie ins Schlafzimmer, nahm ihr Spielzeug *ihr* weg und gab es – gab Schwesterchens Spielzeug! – der Rivalin. Ich hütete mich, es auszusprechen, aber ich dachte – während ich feige aus dem Zimmer ging –: Kennen Frauen ihr eigenes Geschlecht denn so wenig, daß sie nicht wissen: Jetzt geschieht Fürchterliches!

Folgerichtig und prompt fing Schwesterchen in ihrem Gefängnis an zu rasen. „Und ich? Was soll ich hier? Ich stehe hier herum! Kein Mensch redet mehr mit mir, Mutti auch nicht –" Sie schrie! Es war der Verzweiflungs- und Wutschrei der verlassenen und beleidigten Eva. „Paul! Wo ist Paul! Paul soll kommen! Ich will mein Brüderchen haben! Ich will Paul! Paul soll mit mir spielen! Paul! Paul!" und dazu trampelte sie mit den Füßen und donnerte mit den Fäusten gegen die Tür.

Ich hörte mir das in meinem Zimmer an und dachte: Recht hat sie! Es ist zwar kein feines Benehmen, aber noch erwachsene Frauen benehmen sich in einer gleichen Lage, meistens, ja auch nicht gut.

Meine Frau kam ratlos zu mir ins Zimmer gestürzt: „Hörst du das? Was soll ich nur mit ihr machen? So etwas! Das hat sich ja nicht mal der Knilch geleistet!"

Ich nickte. „Das tut der auch nicht. Männer tun das nicht."

Schwesterchen bekam den Po versohlt, und zwar gründlich. Ihr sollte über diesen hellhörigen Umweg möglichst schon jetzt deutlich werden: Und wenn man auch im Recht ist, so benimmt man sich nicht!

Sie lag bereits im Bett und schlief – und erholte sich von den neuartigen Anstrengungen, als wir anderen, noch erschöpft, schweigend um den Abendbrottisch saßen. „Reichst du mir, bitte, den Käse!" war unser ganzes Tischgespräch.

Das ‚schweigende Abendessen' kommt, leider, hin und wieder vor. Meistens sind wir Männer daran schuld. Darum verhalten wir uns still, damit wir nicht noch mehr anecken.

Dann fängt Schwesterchen an: „Va-ti-i?"

„Ja-a?"

„Erzähl mal wieder eine Geschichte aus deiner Kindheit!"

„Aber ich habe euch doch schon so viele erzählt!"

„Dann erzähl noch eine! Oder erzähl noch mal die, weißt du, wo du Kloppe gekriegt hast, wo du und Onkel Alfred – wo ihr zu spät nach Hause gekommen seid!“

Jetzt sagt der Knilch: „Vati, hast du tatsächlich Senge gekriegt? *Ich* hätte dich aber nicht verhauen!“

„Wenn Vati zu spät kommt – wir kriegen doch auch Kloppe, wenn wir zu spät kommen!“

„Das ist nicht wahr! Mutti gibt uns höchstens einen Bax! Nicht, Mutti?“

„Kommt nur pünktlich nach Hause! Dann braucht ihr gar nicht darüber zu streiten, ob es einen Bax gibt oder Kloppe!“

Schwesterchen lächelt. Sie hat erreicht, was sie wollte: Jeder hat wieder etwas gesagt; der ‚schweigende Abendbrottisch‘ ist beendet.

Diesen Trick, Frieden zu stiften, wendet sie auch an, wenn sie selbst der Friedensstörer war. Meistens aber, wenn sie Schelte bekommen hat, ist sie beleidigt und muffelt, und es fällt ihr schwer, sich zu entschuldigen. Sie hat dann lange mit sich zu ‚maikäfern‘, bis sie den Bock in sich überwunden hat.

Währenddessen tun wir, als sei sie gar nicht da. Plötzlich sagt sie: „Ihr könnt ruhig wieder mit mir sprechen.“ – „So?“ – „Ja. Ich will mich nämlich entschuldigen!“

Einmal sah sie gleich ein, daß sie Schelte verdient hatte. Sie sagte: „Na, schön!“ und ging aus dem Zimmer. Im Grunde war dieses ‚Na, schön‘ ja eine neue Frechheit, aber wir deckelten sie nicht auch noch dafür, weil sie damit ja vor allem hatte sagen wollen: Ihr habt leider recht.

Nach einer Viertelstunde war sie noch nicht wieder hereingekommen. Wir sahen nach, ob sie sich womöglich irgendwo verkrochen habe. Sie war in der Küche: hatte die Ärmel hochgekrempelt und eine Schürze umgebunden – und machte bienenfleißig die Aufwäsche!

Zu Weihnachten hat Schwesterchen eine Nähmaschine bekommen, und natürlich kann sie längst damit nähen. Für mich hat sie eine Unterhose genäht. „Vati! Probier mal! Paßt sie dir wohl auch?“ Ich nahm die Puppenunterhose – sie ist etwa zehn Zentimeter lang – und hielt sie mir vor den Bauch. „Sie ist ja ein bißchen kurz, Schwesterchen. Aber, weißt du, für den Sommer, da ist sie gerade richtig. Im Sommer trägt man so kurze Sachen.“

„Du sollst sie ja auch erst zum Geburtstag kriegen! Das ist doch eine Frühlingsunterhose!“

„Ach so!“

„Na, klar!“

Nun liegt die Unterhose, in eine Papierserviette eingewickelt und mit zwei Gummibändern zu einem Paketchen verschnürt, in der Schublade ihres Nachttisches, und jeden Abend, wenn ich Schwesterchen Gute Nacht sage, gibt es noch eine kleine Sondervorstellung.

Unser üblicher Spielplan ist seit langem genau geregelt: Sowie Schwesterchen mich ins Schlafzimmer kommen sieht, taucht sie unter die Bettdecke, und ich muß sie lange und umständlich, wie ein Trottel, suchen. Hat sie sich zu ihrer Zufriedenheit ausgequietscht oder wird es ihr unter der Decke zu warm, taucht sie wieder auf und bekennt sich als ‚gefunden'. „Vati, weißt du überhaupt, wo ich war? Ganz, ganz da unten! Und du hast mich hier oben gesucht! Du bist vielleicht einer!" Jetzt endlich darf ich ihr ihren Gute-Nacht-Kuß geben und bekomme meinen. Meinen bekomme ich allerdings ‚geprustet'. Und nun sind wir eigentlich fertig. Aber seitdem die Unterhose da ist, kommt noch die Sondervorstellung! Wie ein Aal windet Schwesterchen sich zu ihrem Nachttisch hin, zieht flink die Schublade auf und nimmt das Paketchen mit der Unterhose heraus, zeigt es mir mit verständnissicherem Grinsen, legt es in die Schublade zurück, schiebt sie krachend zu und wirft sich befriedigt ins Bett.

Dem Knilch fallen solche Überraschungen niemals ein. Alles, was mit Fleiß und Arbeit verbunden ist, ist seiner – männlichen – Natur fremd. Meine Frau muß ihn sich jedesmal heranholen. Dann allerdings ist er mit Freude dabei und ‚macht mit'.

In den Weihnachtswochen hatten wir einen halberblindeten Jungen bei uns aufgenommen. Seine Mutter lag im Krankenhaus, und sein Vater, der im Büro arbeitet, konnte sich nicht um ihn kümmern. Am Heiligen Abend wurden Rolf und ich aus dem Bescherungszimmer geschickt. Als wir wieder hereinkommen durften, empfing uns ein Konzert. Der Knilch spielte Flöte, Schwesterchen begleitete ihn auf dem Spielzeug-Glokkenspiel! Meine Frau hatte dem Knilch, heimlich in der Waschküche, Flötenunterricht gegeben, und der Knilch hatte Schwesterchen auf dem Glockenspiel ‚Ihr Kinderlein kommet' beigebracht. Es war eine Überraschung, die eigentlich nur für mich gedacht war, aber nun war Rolf gekommen, und so war das Knilche-Konzert bedeutend mehr geworden: ein Geschenk an einen ‚armen Jungen'.

Schwesterchen machte zwar den Eindruck, als sei ihr das ziemlich gleichgültig; ihr schien nur wichtig zu sein, daß sie mit ihrem Hämmerchen nicht auf einen falschen Ton schlug. Der Knilch jedoch spielte offensichtlich im Bewußtsein seines ‚guten Werkes' und war, am meisten von sich selber, feierlich ergriffen.

Rolf blieb bis ins neue Jahr hinein bei uns. Er war ein fröhlicher kleiner Kerl, der nie klagte, für alles dankbar war, und offenbar weitaus größere Freude an den ihm ‚unsichtbaren' Dingen hat als andere Kinder an denselben Dingen, die *sie* deutlich sehen.

„Schade", sagte der Knilch zu mir, „das ist so schade, daß Rolfi nicht sehen kann! Was sieht er da eigentlich, wenn er nichts sieht?"

Schwesterchen machte sich darüber noch keine Gedanken. Für sie war Rolf ein Spielkamerad, den sie bei ‚Mensch, ärgere dich nicht' mühelos hereinlegen konnte, und sie ging mit ihm genauso rauh um wie mit Brigitte.

Als Rolf abreiste, sagte Schwesterchen: „Du mußt aber wiederkommen! Wir wollen doch heiraten, wenn ich mal groß bin!"

„Ja!" freute sich Rolf. „Das machen wir, Schwesterchen! Dich heirate ich!"

Der Knilch hörte dem zu, wurde nachdenklich und sagte: „Dann wohne ich bei euch aber!"

Das alles weiß der liebe Gott! Ich vermute jedoch, vorgesehen ist es für den Knilch nicht, daß er sich später mal bei seiner Schwester herumdrückt. Und ich vermute andererseits, Schwesterchen würde ihm auch eins husten! Nun, bis dann ist noch eine lange Zeit, und so lange werden sie hoffentlich uns haben.

Schwesterchen geht nun schon zur Schule. Sie hat das Kinderfahrrad des Knilchs geerbt, und weil sie es sich so gewünscht hat, ist es rot angestrichen worden. Wenn sie mittags nach Hause geflitzt kommt, sieht es aus, als komme die Feuerwehr.

Jeden Morgen stehe ich auf dem Balkon und sehe hinter ihr her. „Auf Wiedersehen!" rufe ich ihr nach, und „Widdersehn!" höre ich sie antworten. Dann biegt sie um die Waldecke, und nun sehe ich zwischen den Baumstämmen hindurch noch ein paarmal das rote Rad vorbeihuschen. Dann ist Schwesterchen weg.

Wenn sie nur nicht stürzt! sind meine Gedanken. Aber ich weiß ja, wie behende sie ist, und so beruhige ich mich: Sie wird sich schon wieder hochkrabbeln!

Ihre ‚Äquatortaufe' hat sie bereits hinter sich. Sie hatte nachmittags Religion, und nach der Religionsstunde war es dunkel. Es war im Herbst. „Na, und was?" sagte sie. „Ich habe doch eine Lampe an meinem Rad! Paul fährt ja auch, wenn es dunkel ist! Och, Mensch, das kann ich auch!"

Aber in der Kurve, eben dort, wo der Knilch in den Graben gefahren ist, fuhr sie auch hinein. Absichtlich, damit sie nicht hineinführe, war sie langsamer gefahren, dadurch war gleichzeitig das Dynamolicht schwächer geworden, und im Schein des schwächeren Lichts hielt sie den Graben für den Weg ... Plumps!

Meine Frau war ihr entgegengefahren und hörte sie schreien. Aber als sie beide zu Hause ankamen, hatte Schwesterchen ihren Schreck hinter sich gebracht und griente. Nur durften wir Männer ‚es nicht wissen', warum sie so tropfte. Sie hatte meiner Frau verboten, uns die Erklärung zu geben. Drei Tage später erzählte sie selber: „So, jetzt habe ich auch im Graben gelegen! Ihr habt es aber gar nicht gemerkt!"

Den Unterricht in der Schule nimmt sie sehr ernst. Einmal sollte ich raten, ‚was draußen immer ist, was man aber nie sieht, was aber nachts auch sehen kann'. Ich fand das reichlich verzwickt, und ich wäre nie darauf gekommen, daß sie damit die Eule meinte.

„Was nachts auch sehen kann – aber wir sehen es nie –?"

Sie nickte.

„Und es ist immer draußen? – Oh, jetzt weiß ich's! Das ist der liebe Gott!"

„Aber, Vati!" Sie sah mich vorwurfsvoll an. Dann flüsterte sie – besorgt, ob der liebe Gott mich auch nur ja nicht gehört habe –: „Du sollst doch den Namen nicht unanständig aussprechen!"

Oha! Das zweite Gebot! Und sie beachtete es schon!

Sehr enttäuscht war sie, als sie nach ihrem ersten Schulhalbjahr kein Zeugnis bekam. Der Knilch brachte vom Gymnasium ein gutes Zeugnis mit nach Hause, und sie hatte sich darauf gefreut, nun auch schon ein Zeugnis anzubringen. Aber sie hatte keines!

Sie stand in der Tür, schluckte und konnte nicht sprechen, hielt das Gesicht zur Seite gewandt, und dicke Tränen kullerten ihr die Backen herab. Sie war so traurig, daß, um sie zu trösten, ich ihr ein Zeugnis schrieb. Und wirklich war sie da getröstet.

Nach den Herbstferien kam sie eines Tages aber strahlend aus der Schule: überglücklich und stolz! Sie hatten ihr erstes Diktat geschrieben, und ihre Lehrerin hatte ihnen Zensuren erteilt. Schwesterchen hatte eine Zwei. ‚Gut' stand mit roter Tinte geschrieben in ihrem Heft. Sie ging mit dem Heft zu meiner Frau – „Kuck mal, Mutti, was ich hier habe!" – sie kam mit dem Heft zu mir – „Kuck mal, Vati, was ich hier habe!" – sie lief mit dem Heft dem Knilch entgegen – „Kuck mal, Paul, was ich hier habe!" Am Nachmittag kam sie mit dem Heft noch einmal in mein Zimmer – „Vati, soll ich dir meine Zwei noch mal zeigen?" – und am Abend, als sie mich zum Essen holte, hatte sie wieder das Heft mit. „Vati, möchtest du noch mal sehen –?"

Ostern, bevor sie zur Schule kam, brachte die Omi, die uns besuchte, für Schwesterchen einen Ranzen mit. Es war aber kein eigentlicher ‚Ranzen', sondern eine Schulmappe, die man, wenn die Schulterriemen abgehakt sind, auch als ‚Aktentasche' tragen kann. Der Knilch äußerte sofort, die ‚Aktentasche' sei besser für ihn geeignet. „Mensch, mit meinem schäbigen Ranzen, da kann ich doch nicht mit ins Gymnasium!" Etwas half meine Frau ja nach: sie sagte zu Schwesterchen, einem Gymnasiasten stünde eine Aktentasche allerdings besser als ein Ranzen. Den Entschluß aber hat Schwesterchen selbständig gefaßt: Heimlich kam sie zu mir und flüsterte: „Du darfst es aber keinem sagen, Vati! Das mußt dir mir versprechen! Weißt du, was? Nämlich meine Aktentasche, die schenke ich Paul!"

Sie hat es wirklich getan, und sie trägt nun in rührender Opferfreude, ohne ihre gute Tat seither je bedauert zu haben, den ‚Schrank' vom Knilch.
Er, als sie zu uns kam, hat sein Bett für sie hergegeben; sie jetzt ihre ‚Aktentasche' für ihn. Und beide haben es gern füreinander getan! Hoffentlich bleiben sie so.
Daß der Knilch auch sein Kinderfahrrad an Schwesterchen abgegeben hat, war hingegen keine Leistung. Erstens hatte er es schon zuschanden gefahren, zweitens hatte Schwesterchen darauf radfahren gelernt – und somit hatte, wie der Knilch dreist behauptete, *sie* es zuschanden gefahren, und dafür ‚solle sie es man nun auch ruhig behalten!' – drittens ist es ein Kinderfahrrad und mithin eines Gymnasiasten unwürdig. Der Knilch hat mein Fahrrad übernommen. Geschenkt habe ich es ihm noch nicht. Erst soll er beweisen, daß er für das Pferd, das er reitet, endlich auch sorgt.
Ich selbst darf zu meinem Kummer nicht mehr radfahren. Ich mußte, wegen meiner verrutschten Bandscheibe, notgedrungen ein Auto anschaffen. Nicht einmal meinen Koffer oder längere Zeit meine Aktentasche kann ich mehr tragen. Die Knilche natürlich finden es ‚schick', daß ‚wir' ein Auto haben; obwohl es nur eine alte Klappermühle ist, die ich billig von einem Freund übernommen habe.
Meine Frau zeigte den Knilchen auf dem Globus, daß

der Umfang der Erde am Äquator nur die Hälfte der Strecke ist, die das Auto schon geleistet hat. „Der Onkel, von dem Vati das Auto gekauft hat, ist also schon zweimal rund um die Erde herumgefahren. Mit *unserem* Auto!“ Die Knilche staunten. Schwesterchen am meisten: „Und der lebt noch?“

Selbstverständlich ist das Auto auch für die Familie ein Gewinn. Wir können jetzt, ohne daß es noch Umstände macht, alle zusammen in die Stadt fahren. Wir können, wenn wir wollen, einen Tag lang alles haben, was die Großstadt bietet.

Dann und wann fahren wir nach Hamburg oder Hannover. In Hamburg sind wir – die Knilche wollten es gern – ‚mit unserem Auto‘ durch den Elbtunnel gefahren, hin und zurück. „Mach noch mal, Vati! Das war schö-öhn!“ sagte der Knilch.

Aber nicht, um im Elbtunnel Karussell zu fahren, nehmen wir die Knilche ja mit nach Hamburg; sondern um sie zu ‚bilden‘! Sie sollen sehen, daß es noch anderes gibt als den Wald und die Rehe, und sie sollen dabei, wenn auch nur erst als Zuschauer, erfahren, wie das Leben in unserer fortschrittlichen Welt ist.

Die Antwort auf unsere Bemühungen gab Schwesterchen in Hannover. Mitten im Trubel und Lärm der Hauptstraßen blieb sie plötzlich stehen und fing jämmerlich an zu weinen: „Ich will nach Hause! Ich mag das hier nicht leiden! Was soll ich denn hier? Das ist hier gar nicht schön! Ich will nach Hause! Ich will zu Micki!"

Nicht allein Schwesterchen, wir alle sind glücklich, sobald wir – nachdem wir das Auto am Wegrand abgestellt haben – wieder in die Stille unseres Waldes kommen. Nur Micki unterbricht die Stille, aber er stört sie nicht, wenn er uns mit Freudengebell begrüßt.

Ich habe von den Knilchen nun schon soviel erzählt, daß mit der Zeit auch Fremde von ihnen erfahren haben. Viele Briefe sind im Laufe der Jahre zu uns gekommen, die meisten mit jener anfangs genannten Frage: „Wie sind Sie eigentlich an Ihre Adoptivkinder gekommen?" Und weiter stand in den Briefen: „Wir möchten nämlich auch gern ein Kind adoptieren. Mein Mann war ja zuerst dagegen. Er wandte ein, daß die Erziehung eines fremden Kindes doch sehr schwierig ist. Er wäre wohl bereit, alle erforderlichen Opfer zu bringen, wenn das Kind sein eigenes sei, aber für ein fremdes Kind brächte er das nicht fertig. Und er sähe auch nicht ein, wozu wir für ein fremdes Kind auf so vieles andere in unserem Leben verzichten sollten. Schreiben Sie uns doch bitte einmal, welche Erfahrungen Sie mit Ihren Kindern schon gemacht haben!"

Meine Frau hat auf alle diese Briefe geantwortet, und mit der Zeit sind auf sechs ihrer Briefe wieder Antworten gekommen: aus Holstein, aus Hessen, aus Österreich, aus dem Rheinland, aus Niedersachsen ... Den sechsten Brief habe ich verlegt. Und in jedem der sechs Briefe stand: Wir haben ein Kind adoptiert und sind glücklich!

„... Es ist Sonntag. Mein Mann und der Junge kollern sich auf dem Teppich. Während ich Ihnen schreibe, höre ich die beiden quieken. Das hätte ich nie gedacht, daß mein Mann so viel Freude an dem Kind haben würde. Er ist selbst auch ganz verwundert über sich und wird richtiggehend verlegen, wenn ich es ihm sage ..."

Von diesen sechs Ehepaaren wissen wir also: aus jedem der Ehepaare ist eine Familie geworden. Und da wir und die Knilche die ‚Familienstifter' sind, geht es uns nun wie Ehestiftern: auch wir fragen uns bisweilen: ‚Ob es wohl noch gut geht?'

In einem Fall haben wir auf diese Frage eine Antwort bekommen, sogar mitten aus unserem Walde.

Wir hörten Motorengeräusch, das näher kam. Es war eine Sensation! Noch nie war ein Auto bis zu unserem Hause vorgedrungen. Wir selbst fahren ja nicht bis ans Haus, weil der Weg so schlecht ist.

Wir stürzten auf die Veranda und blickten zum Waldrand. Da kam um die Waldecke herum, wie ein Luftballon auf einem Rollschuh, ein gläsernes Autochen angehüpft, heulte zwar über den grausamen Weg, aber – mit noch ein paar Sprüngen – bewältigte es ihn.

Wir sausten die Treppe hinunter, und als wir unten ankamen, stand der gläserne Ballon schon still und beruhigt vor unserer Tür, und ihm entstieg der erste wohlgelaunte Autofahrer, der je bei uns gewesen ist. Alle anderen waren ja verbittert zu Fuß angekommen, weil sie ihren Wagen auf halbem Wege in ein Schlammloch hineingewühlt hatten.

Dem fröhlichen Fahrer nach stieg aus dem gläsernen Ballon ein etwa dreijähriger ungehemmt heiterer Junge, dann – schelmisch lächelnd – eine Dame. Wir kannten alle drei nicht.

„Raten Sie mal, wer wir sind!" sagte die Dame.

„Wir nämlich kennen Sie!" schmunzelte der Herr.

Es war das Ehepaar aus Hessen, das sich uns als Familie ‚vorführen' wollte.

Manches Mal habe ich den Gedanken: Sicherlich ist das auch eine Überlegung vom lieben Gott – ich meine: daß nicht alle Ehepaare eigene Kinder haben. Es gibt so viele Waisenkinder auf der Erde – und auch unerwünschte Kinder, die nie einen Vater gehabt haben, nur einen Erzeuger, und womöglich kaum je recht eine Mutter. Und vielleicht hat eben darum der liebe Gott gedacht: Diese Kinder sind nun mal schon da; die müssen doch möglichst auch Eltern haben, oder wieder Eltern! Ja, und darum wohl: hebt er immer ein paar Eltern auf, damit diese Kinder zu ihnen kommen können.

Was weiter aus den Knilchen geworden ist, erzählt
Hansjürgen Weidlich in seinem Buch
HERR KNILCH UND FRÄULEIN SCHWESTER
das als ARH-Taschenbuch 29
erschienen ist.

HANSJÜRGEN WEIDLICH

ICH KOMME VOM MOND

Alte und neue heitere Geschichten

ARH-Taschenbuch 11, 160 Seiten
30.–40. Tausend

Heute, wo wir atemlos, immer dicht vor einem Herzinfarkt, hinter der Zeit herhasten – also keine Zeit haben –, ist dieses Büchlein „Ich komme vom Mond“ von Hansjürgen Weidlich ein rechter Trost. Man liest es sozusagen mit einem lachenden und einem weinenden Auge. Ein heimlicher Mitbürger, dieser Dichter, der gegen den Strom schwimmt, in dem wir nicht immer fröhlich treiben.

Neue Evang. Frauenzeitung Hannover

Plattfußeinlagen gegen den Durst trägt Hansjürgen Weidlich, der „vom Mond kommt“, seine erhoffte Millionärslaufbahn als Kinderwagenanstreicher beginnt und mitunter den Wald fegt. Humor und Poesie kennzeichnen die Geschichten dieses verkappten Don Quichottes, die für alle jene geschrieben sind, die zuweilen gerne gegen den Strom schwimmen.

Südost-Tage-Post, Graz

AGENTUR DES RAUHEN HAUSES HAMBURG

HANSJÜRGEN WEIDLICH

ES FING AN MIT LENCHEN

Ernstes und Heiteres im Rückspiegel der Zeit

Linsonband mit mehrfarbigem Schutzumschlag, 208 Seiten, 5.–10. Tausend

Amüsante, sympathische Bücher sind rar. Ein solch seltenes Exemplar ist Hansjürgen Weidlichs ES FING AN MIT LENCHEN ... Es liest sich wie ein spannender Roman, den man nicht eher aus der Hand legt, bis man die letzte Seite verschlungen hat ...

Hamburger Abendblatt

Lauter kleine Liebeserklärungen an das Leben ...

Bremer Nachrichten

Was er erzählt, ist wahr und wird zum Spiegelbild der Zeit ...

Cellesche Zeitung

Man erinnert sich an eigene Erlebnisse und wird so mit sich selbst konfrontiert. Weidlich drängt den Leser auf die Frage hin »wer warst du und wer bist du geworden« ...

Aachener Volkszeitung

.... der Leser folgt ihm bis zur letzten Zeile ...

Hannoversche Allgemeine Zeitung

Hier hat jemand etwas geschrieben, der mit offenen Augen und Ohren seinen und seiner Mitmenschen Alltag erlebt und versteht. – Ein köstliches Buch ... *Ostfriesen Zeitung*

AGENTUR DES RAUHEN HAUSES HAMBURG